楊俐容的教養課 2

30招，
教出高EQ小孩

楊俐容 著

目錄

作者序

幸福家庭的開始

「所有幸福的家庭都是相似的，但不幸的家庭卻各有各的不幸。」托爾斯泰在《安娜．卡列尼娜》開場就寫下了這麼一段膾炙人口的名句。在剛進入兒童青少年諮商輔導的工作領域時，處理孩子們耍賴胡鬧、依賴退縮、學習不力、人緣欠佳，或者說謊偷竊、叛逆攻擊，乃至手足紛爭、親子衝突等問題，是我日日要面對的挑戰。看著書架上林林總總的參考書，裡頭羅列著各式各樣偏差行爲的矯治對策，當時的我心裡頭也認爲「成功的教養定律有跡可尋，失敗的成長歷程卻各有各的故事和辛酸。」

然而，在累積多年的諮商輔導經驗之後，我逐漸發現，不僅所有成功的教養都有相似的原因，每個失敗的家庭也都源於同樣的歷程，而其關鍵因素即在於家庭ＥＱ的品質。當父母能夠擁有良好的情緒管理能力，做孩子的情緒典範；能夠掌握情緒教養的關鍵，成爲孩子的情緒教練時，親子溝通自然良好順暢、家庭互動也會水乳交融。在這樣的氣氛裡，無論孩子面臨什麼樣的課題或危機，無論解決的過程崎嶇或平順，都能在家人的支持下，找到希望的窗口。

爲此，我將工作重心逐漸轉移到父母親職成長，以及兒童青少年EQ教育的領域。總是期待著父母懂得在梳理孩子情緒的同時恰當規範他們的行爲；能夠在引導孩子感受學習樂趣的同時，也能陪伴孩子面對挫敗、克服瓶頸。如此一來，即使是天生氣質難帶養的孩子，也有機會逐漸修練爲自信自尊、進退得宜的有爲青年；即使資質並非上等的孩子，也有機會充分發揮天賦潛能，累積自我展現的成就。

至於對孩子一生至關緊要的人際關係，EQ更是不可忽視的核心能力。深受人際困擾所苦的孩子，多半比較不懂得察言觀色、判斷情境，或不善於社交互動、處理衝突的技巧。他們需要的不是父母下指導棋「你要多和別人交往」、「不要老是錯怪別人」，而是父母能夠協助他們抒解情緒、引導他們察覺自己的盲點，並學習準確判斷社交情境、培養良性正向的互動技巧。

EQ高不高，對於家庭幸不幸福、教養成不成功，的確有著舉足輕重的影響。在這本書裡，我將親子溝通與關鍵階段等基本概念放在最前面兩個篇章，希望讓讀者看到教養的希望。接著，針對一般父母最擔憂也最關切的學習和人際兩個領域，做更詳細的解說，期待讀者能因此稍解焦慮。

走筆至此，我仍要在此向我親愛的家人們，以及一路陪伴支持的朋友們說聲謝謝。楊燁的插圖和編輯團隊的用心，也讓此書讀來美麗許多。最後，我想說：

謹以此書獻予那些
願意打開心窗
讓我一窺其內心奧祕的孩子
願意無私分享
讓我深入其生活點滴與情緒經驗的家庭
和你們一起努力的歷程
讓我得以日漸淬煉
成就這些字裡行間的觀念與作爲

楊老師開講

溝通方法對了，親子關係自然好

曾經在一場親職教育座談，聽到一位爸爸提出問題，他說：「我們從孩子上幼兒園開始，就不斷收到像『破壞親子關係的一百句話』這樣的資料，也很認真研讀專家們提出來的育兒理論、學習『如何尊重孩子、和孩子溝通』等，為什麼沒有人給孩子相對的資料，也要求他們學習如何尊重父母、和父母溝通，了解父母的心理？」

這段充滿不平情緒的提問，讓我想起孩子小時候的一段插曲。女兒也曾從學校拿過這麼一份資料回來，我隨手把它貼在冰箱上，有一天晚餐後全家一起喝茶聊天時，先生談到童年往事：「你們知道嗎？爸爸八歲的時候就在北投街上賣冰棒……」

話還沒講完，只聽到女兒說：「爸爸，你等一下！」她興沖沖的跑到冰箱前仔細核對，然後得意的對爸爸說：「爸爸，你已經破壞我們的親子關係了，這裡有說『不要老是對孩子提自己小時候有多苦』喔！」

另一位媽媽則提到，有一次她因為大兒子屢勸不聽，一時氣急敗壞順手拿起小木棍，誰知道就在要打下去那一剎那，旁觀已久的五歲女兒竟大聲的說：「哥哥，你趕快去打那個電話！」孩子指的當然是兒童保護專線，媽媽聽了頓覺好笑，氣氛緩解下來終究沒有出手，但心裡忍不住感嘆「父母難為」。類似的場景也曾經發生在我家。大女兒幼稚園大班時，有一次臨出門前她玩得正起勁，乃至一再拖延時間。爸爸情急之下隨口說了一句：「再不趕快，就不帶你出門！」不料孩子竟然氣定神閒的回說：「爸爸！你如果那樣的話，總統就會把你抓去關喔！」

其實，小小年紀的孩子未必分得清什麼是正當管教、什麼是虐待，對於專家所倡議的管教概念也不見得能夠充分了解。但由於資訊的流通，學齡前他們就已經約略知道「被爸媽打罵，可以打113求救」、「父母親不可單獨把十二歲以下的孩子留在家裡」等基本概念。日漸長大後，他們有機會看到一些不打不罵、仍然可以把孩子教得很好的父母典範，因此質疑「為什麼都要聽父母的？」「爸媽打我真的是為我好嗎？」也就理所當然了。不僅孩子如此，父母從媒體所吸收到的資訊同樣會流於片段與片面，對其背後真正重要的觀念與原則未必清楚，因此也很容易陷入「這樣跟孩子講話不對」、「那樣做好像不尊重孩子」等自責與疑惑。管教時搖擺不定、猶豫不決，也給了孩子見縫插針、投機取巧的機會。

在親子關係裡，做父母的無論如何都應該要比孩子成熟，對彼此的關係也要負較大的責任。但在現代社會中，父母的角色被高度期待與要求，如果沒能好好釐清，當父母的常會陷入焦慮的狀態。親子間如果沒有充分的溝通，也可能造成孩子「只要權利，不盡義務；只要自由，不負責任」等過度膨脹自我的錯誤思想。

在親子關係裡，
做父母的無論如何都應該要比孩子成熟，
對彼此的關係也要負較大的責任。

這是一個「父母難為」的時代。由於社會的快速變遷，無論大人小孩都必須不斷的調整，以適應瞬息萬變的環境。記得二十多年前剛投入親職教育的工作領域時，還有不少父母抱著「做父母需要學習嗎？」的疑問態度，而今「做父母需要學習！」已經成為普羅大眾的共識了。

學習親子溝通的技巧

大家都知道，「教養孩子是一門藝術」，聽了一場令人感動的演講，不代表回家之後就能夠妥善處理親子衝突；讀遍群書，也無法保證能夠順利克服養兒育女的挑戰。不過，只要朝著以下三個方向努力，多數的父母親都可以逐漸提升自己的親職效能，讓「為人父母」成為人生最豐富、最有回報的一項工作：學習親子溝通的技巧、充實兒童心理學知識、把握頓悟成長的機會。

想建立良好有效的親子溝通，到底有沒有技巧可循呢？答案是：當然有。曾有調查發現，現在的孩子最常聽到爸媽說的兩句話就是

「不可以」和「快一點」。我們可以想像，孩子除了生活節奏比較緊湊之外，面對父母經常說「不可以」，負向情緒自然也比較多。管教孩子的行為固然是父母的責任，但同樣的規範，當父母的可以用「No」的方式，告誡孩子不可以這樣、不可以那樣；也可以用「Yes」的方式去說，告訴孩子他可以怎麼做。當父母以正向的方式去表達對孩子的引導和期許時，孩子的感受是完全不同的。

大女兒小時候有一次隨我們去接待外國來的訪問學者，平常根本不喝湯的孩子在昂貴的法式餐廳裡點了一道名字看起來很誘人的湯，在那樣的社交場合，先生沒多說什麼就同意了。未料，湯來了之後，孩子喝幾口就說她喝不下，先生當場壓下嗓音但語帶憤怒的對孩子說：「你如果不把這碗湯喝掉，我下次絕對不會再帶你來。」孩子聞言，第一個反應是「爸爸，我覺得你不太了解小孩的心理」，就在先生還停留在錯愕當中，她接著又說：「如果你說『爸爸很喜歡帶你來這樣的地方，只要你能夠把湯喝完，爸爸下次會再帶你來喔！』我就比較願意把這碗湯喝完。」

溝通的第一步：正向表述

×

○

很多人聞言總笑說：「只有你們家的孩子才會小小年紀就這麼說話。」但根據和許多孩子相處的經驗，我知道，只要父母願意給孩子一個自由表達的空間，大部分的孩子都會說出這樣的話來，因為這是他們內心真正的感受。父母堅持的規範其實是一樣的，但負向言語所表達的通常不只是表面的要求，更有許多意在言外的生氣、不信任等情緒，即使是小小年紀的孩子也都能敏銳的覺察到。相對的，正向表達方式所展現的，除了要求還有溫暖和信任，這些元素在親子互動中所發揮的成效，由上述的生活實例可見一斑。

我常覺得，提升親子關係需要「術德兼修」。如果只學了一些技巧，卻無法了解這些技巧所奠基的知識體系，未能落實背後重要的人本精神，很容易產生「今天很好用，明天行不通」，或者是「別人OK，我家沒用」的情形。

曾經有位新手媽媽，因為家裡的小小孩老是為反對而反對，只好去尋求專家的協助。專家教了她一個技巧：「別問孩子是非題，如：要不要吃菠菜、天氣冷加件外套好不好；要問他選擇題，像：

當父母以正向的方式
去表達對孩子的引導和期許時，
孩子的感受是完全不同的。

要吃菠菜還是高麗菜？要穿這件還是那件外套？」如獲至寶的年輕媽媽回家後奉行不渝，果真效果頗佳。未料兩週後，這位媽媽又出現在專家的會談室。專家問：「之前教你的技巧有用嗎？」她靦腆的說：「是有用啦！可是昨天我帶孩子去百貨公司時，一進去他就問：『你今天要買機器人給我，還是遙控汽車？』接下來我就不知道該怎麼辦了。」

充實兒童心理學知識

這個例子讓我充分體認到，教養孩子絕非見招拆招，就能一路順利通關。學習親子互動技巧不是為了和孩子進行諜對諜的遊戲，而是希望在了解孩子的心理特質之後，以愛和關懷為出發點，透過良性的溝通方式發展出更親密、對孩子的成長更有助益的親子關係。因此，除了學習技巧之外，父母親要能充實與兒童心理相關的知識，在了解的基礎上建立高效能的管教。

哲學家培根說「知識就是力量」，這句話也是提升親職效能的真理之一。

以寫字的問題為例，同樣是滿六歲上小學，但孩子小肌肉張力卻略有差異，也因此影響了精細動作的成熟度。精細動作比較成熟的孩子，學習寫字的情況一定比較順利；相對的，如果孩子小肌肉發育比較慢，在開始學習寫國字時，就會碰到較多困難。了解這一點，只要孩子認真寫、沒有錯或超出格線之外，不要嚴格要求孩子非寫得整齊好看。孩子的努力受到鼓勵和肯定，較不會排斥這項學習，到了五、六年級的時候，成熟度追上來、練習次數也足夠了，即使小時候寫得歪歪扭扭的孩子，字也還是可以寫得不錯。

更重要的是，小肌肉發展較慢的孩子其他學習能力未必不好，字寫得漂不漂亮和書讀得好不好也沒有絕對的關係。如果孩子因為字寫得比別人難看而自信低落，或者因為怎麼寫都寫不好而經常挨罵、不斷訂正，對學習失去興趣，無法充分發揮擁有的潛能與智力，那麼可就得不償失了。

又例如，孩子吸吮手指或咬指甲這個行為一向令人頭痛，許多

正確了解孩子的發展

父母都聽說過「在孩子的手指上塗辣椒，讓孩子因為不舒服而停止這個行為。」事實上，這個方法對沒有情緒困擾的習慣行為也許有效，卻也不是最佳的方法。如果孩子吸吮手指或咬指甲的行為已經很嚴重，例如咬到手指的皮肉都已經綻開還忍不住要吸吮，那麼這個行為極可能是內在焦慮的表現方式之一。此時，父母需要做的是進一步探討孩子的情緒困擾來源，並對症下藥解決問題。否則，孩子也許不再吸吮手指或咬指甲，但卻可能轉移為掉髮、摳皮膚等別的不適應行為，而真正的問題仍然未獲解決。

另一個常見的例子是，許多父母認為這一代孩子環境富裕、物資充足，比我們好命許多，對於孩子的抱怨往往嗤之以鼻。其實，現代兒童所面對的壓力，比起父母那一代有過之而無不及。記得小時候常聽到像「阿爸親像山」這樣的歌謠，那個年代的孩子多半相信「天塌下來，有爸媽幫忙頂著」。而現在，由於傳播媒體發達，孩子經常接收到強烈的負面訊息與災難影像，他們很快就發現，當災難來臨時，即使是父母也未必能保護孩子，內心的擔憂也就特別

> 孩子該做、想做的事情不斷增加，
> 但擁有的時間和上一代卻沒兩樣，
> 也難怪這一代的孩子容易煩躁、EQ 不好。

多。

除了自然災害，孩子要憂心的事情還多著呢！許多婚姻堪稱和諧幸福、少有口角的父母都有這樣的經驗：只要爸媽意見不同、聲音大些，年紀小一點的孩子馬上就會問：「你們會離婚嗎？」真是讓人哭笑不得。此外，知識暴增，孩子要懂的事情越來越多；科技進步，好玩的活動也更形豐富。孩子該做、想做的事情不斷增加，但擁有的時間和上一代卻沒兩樣，而論及體力甚至更差，也難怪這一代的孩子容易煩躁、ＥＱ不好。

把握頓悟成長的機會

了解孩子所要面對的壓力以及常見的壓力反應，就比較知道如何調適孩子的生活、處理孩子的行為困擾，甚至更進一步的引導孩子學會取捨、建立因應壓力的能力。

許多父母告訴我：「其實我知道該怎麼對待孩子，也了解孩子還小，很多事情需要年齡的成熟與經驗的累積，可是一碰到某些狀況，我就是控制不了自己的情緒。」父母要面對內疚與自責，克服習性與脾氣，除了技巧和知識之外，還有一個非常重要的方向值得去探索和努力，就是把握頓悟成長的機會。

「頓悟」一般指的是在面對問題時，能夠發現有助於解決問題的各種元素之間的關聯，因此再度碰到問題時，便可以很快的解決。在心理諮商的領域，「頓悟」則是指個人發現自己過去某些經驗和現在經驗的關聯，而能夠了解自我衝突、自我矛盾的根源。它是人類一個重要的學習機制，甚至能夠為個人帶來跳躍式的成長。

我曾在父母成長團體中碰過這樣的一位媽媽。只有一位獨生子的她對孩子自然疼愛有加，但不知為何只要孩子打破或打翻東西，她就會怒火中燒，忍不住嚴厲斥責孩子。長久下來，媽媽發現孩子對她有點敬而遠之，因此前來尋求協助。上了幾堂自我探索與了解孩子的課程之後，她發現自己從小家規甚嚴，對環境的整齊清潔特別執著，也察覺到自己的過度執著可能造成孩子的焦慮，對孩子的發展未必是好事。於是，她努力練習在孩子犯錯時試著先放鬆、深呼

童言童語，反映父母的盲點

父母說

孩子說

吸，用心研究如何好好勸說孩子，學習以暫時離開現場等方法來處理問題。經過幾週的精進，親子關係似乎逐漸有了軟化的跡象。但這位媽媽自己清楚，每當孩子犯錯，她的內心仍存在著難以按捺的憤怒與厭煩，而當身體疲憊或時間緊迫時，她就會掉回原點，陷入情緒失控的狀況。

直到某次進行團體課程時，這位媽媽帶著雀躍的神情和其他夥伴分享了一件事情。某天夜裡，她收拾餐桌時一不小心碗盤脫了手。一旁靜靜看著媽媽整理那一地狼籍的兒子，在媽媽忙完之後開口說了一句：「媽媽，你有沒有發現，你打破碗我都不會罵你！」這位年輕的媽媽說：「那一剎那間，我突然發現孩子對我們實在比我們對孩子寬容許多，也深刻體會到孔子說的『人非聖賢，孰能無過』，連經驗豐富的我們都有犯錯的時候，更何況才開始在學習的孩子。」走過這一段頓悟的歷程，這位媽媽發現，只要做父母的可以分清楚對孩子的要求，是該有的規範還是自己的習氣與執著，就能夠心平氣和的與孩子一起處理善後、教導孩子做事方法。在親子

「溫柔而堅定」，
是教養專家們一致推薦的重要態度。

互動的課題上，「溫柔而堅定」可以說是教養專家們一致推薦的重要態度。從這位年輕媽媽的例子，我們可以看到「頓悟」確實能夠為我們帶來突破性的快速成長。

孩子的童言童語往往反映了父母自身的盲點，只要我們能拋開面子、肯放下身段，用心去感受、去體會，在陪伴孩子成長的路上，自然會有許多自我覺察、頓悟反省的機會。當我們對自己的洞察力增加而能時有所悟，陪伴孩子長大，自然會成為一段互相成長且漸行漸開闊的發現之旅。為人父母從來不是一件容易的事，但只要掌握以上三個原則，要成就一段美好的親子關係其實也沒有太難。

接納生命的不完美

在演講之後，我常會得到家長類似的回饋：「如果早一點接觸到這些知識和技巧，就不需要走這麼多的冤枉路，人生也許完全不一樣了！」然而，帶領多年的父母成長團體之後，從許多親子互動的實例中，我深深體會到，在為人父母的過程中，犯錯幾乎是無可避免，認錯卻屬難能可貴，而「提供面對不完美的行為典範」甚至比「做個完美的父母」更能感動孩子。

我所輔導過的一位青少年，曾經在親子衝突時氣憤的對媽媽說：「為什麼你這麼不了解我，真希望楊老師是我的媽媽！」諮商時，母親帶著苦笑轉述孩子這一段話，但她隨即說道，在衝突過後收到孩子給她的一封信，裡頭寫著「雖然你不怎麼了解我，但我知道你愛我，也很想了解我。你已經是我所認識的媽媽裡最棒的一位了！」說到這兒，這位媽媽的臉上露出了欣慰的笑容。

不只這位青少年如此，我所認識的多數孩子都是這般。只要能感受到父母願意承認錯誤、調整自己，他們對父母的要求其實不多。更重要的是，任何人都無法提供孩子完美的成長環境，但只要父母在發現錯誤時願意道歉改過，自覺不足時願意學習成長，就已經為孩子樹立最好的榜樣。即使父母的教養難免有缺陷，孩子已經從父母身上學到面對不完美的勇氣與力求改進的毅力，而這不就是父母最期望孩子擁有的生命態度嗎？

接受孩子原本的樣子

✕

○

請問楊老師

01 EQ好，未來就會好？

「養不教，父之過」自古以來即有明訓，因此，教養也一直是爲人父母最掛心的課題。父母的言行舉止與行事態度對孩子有很深的影響，是無庸置疑的事實。但不同時代、不同文化，對於孩子的教養方式也有所差異，眞要說哪一種特定的教養方式最好，即使在研究上也很難得到確切的答案。不過在這個自由民主的時代，以下的觀點倒是普遍受到肯定：某些類型的親子關係特別有助於孩子發展自信與能力。

曾經有一個系列研究，以自我控制、獨立、充滿活力、對新事物感到好奇，以及對同伴表現出同理心等高EQ的行爲特徵，做爲學前兒童行爲評定的項目，並依此選出三組孩子做進一步的研究。第一組孩子在這五個項目上的得分都很高；第二組雖然獨立、自制，但對外界的人事物顯得比較退縮、不熱中；第三組的孩子最不成熟，除了獨立性和自我克制能力不佳之外，普遍依賴大人，也不敢嘗試新的事物。

研究者進一步探討這些孩子的父母如何管教，結果發現，第一組的父母無論是對孩子不當行爲的管教，或者要求孩子表現他已經具有能力的行爲，態度都比較嚴格。但這些父母在管教、要求的同時，態度溫柔且充滿關愛，更重要的是，這些家庭的親子溝通品質非常好，孩子的情緒感受和想法意見受到一定程度的了解與尊重。由此可見，優質的溝通是教養成功的基本要素。

溝通品質是家庭功能良好與否的一項重要指標。在功能良好的家庭中，每位家庭成員都有表達感受與想法的自由，不用擔心被嘲笑或者被責備。也願意傾聽別人吐露心聲，而不會輕易忽略或批評。然而，溝通需要學習，希望以下測驗能幫助大家檢視目前家庭中的溝通品質，和需要改進的方向。

一分鐘家庭溝通測驗

請詳讀以下題目，並根據你的觀察及感受填上適當的分數。

5 ＝總是如此　4 ＝經常如此　3 ＝偶爾如此　2 ＝不常如此　1 ＝從未如此

表達的自由度

(　　) 1. 你願意並且能夠和家人分享自己的事情、表達內心的感受。

(　　) 2. 當你表達感受時，家人能夠了解你要說的是什麼。

(　　) 3. 當你表達感受時，家人不會嘲笑或批評你。

(　　) 4. 當你不滿意某位家庭成員時，可以向對方表達自己的感受。

(　　) 5. 你會直接對某位家庭成員表達正面的感受，如欣賞、感激等。

接收的清晰度

(　　) 6. 你的家人樂意和你分享他們的事情，並表達內心的感受。

(　　) 7. 你很能夠了解家裡其他成員向你表達的感受或想法。

(　　) 8. 當家裡的其他成員向你表達他們的感受時，你不會任意嘲笑或批評。

(　　) 9. 你能平心靜氣的接受家人表達對你不滿的方式。

(　　) 10. 家人會對你表達正面的感受，如欣賞、感激等等。

溝通的開放度

(　　) 11. 你或你的家人不會有突如其來的強烈情緒，讓其他人受驚。

(　　) 12. 你或你的家人覺得談論內心感受是一件重要的事。

(　　) 13. 你或你的家人不會有氣得說不出話，或無法冷靜思考的時候。

(　　) 14. 你或你的家人願意了解彼此內心的想法。

(　　) 15. 你滿意家人之間的溝通品質。

02 長假怎麼安排？

炎炎夏日，又碰上長長暑假，即使已經安排了夏令營、旅遊等活動，孩子在家的時間終究較往常多出許多。而因爲在家時間多，孩子精力又旺盛，一不小心就打翻東西、弄亂秩序。父母知道孩子需要活動來消耗體力，也了解年紀還小的孩子有時候會因爲能力、性格，或成熟度等因素，無法做到良好的自我控制，因此惱也不是，罵也不是。應接不暇的困擾，讓許多父母對長假是又愛又恨。

像這種問題，只要運用「改善環境安排」這個觀念與技巧，就可以獲得有效的解決。事實上，多數父母在孩子還小的時候，或者在比較單純的問題上，都懂得運用這個方法。譬如說：兩、三歲的幼兒對自己的動作控制或對行爲後果的認知，都還不夠成熟，不管父母怎麼說明，要讓孩子了解「當他跑到交通頻繁的馬路上時，會有多危險，爸媽將會多擔心！」顯然是非常困難的一件事。倒不如採取「把門鎖上、在家裡設置孩子喜歡的遊戲場所、用嬰兒車帶孩子安全的穿越馬路」等方法，更能確保孩子的安全，降低父母的焦慮感。

然而，當孩子日漸成長，行動範圍越來越擴張，造成困擾的機會也越多。父母在疲於奔命的狀況下，很容易一逕使用命令、訓斥、說教等比較直接的方式來管教孩子的行爲，忘了在碰到困擾時先想想，是否可以運用「改善環境安排」這個自己早就知道的教養密技來解決問題。

家裡兩個女兒還小時，每逢長假，我習慣帶著她們一起爲假期做規劃。這當中，除了生活作息的安排之外，也包含家庭空間的調整。

兩姊妹曾經在炙熱的暑假，要求在陽台上放置一個人工小水池，方便隨時去泡水消暑。寒假時，又因爲在陽台的兩棵小小金桔樹上發現了鳳蝶的幼蟲，而將家裡的植栽、晾衣服的設施移位，好保護這些美麗的毛毛蟲，並方便觀察鳳蝶幼蟲成長、結蛹、破繭而出的過程。

小學低年級階段，孩子曾爲了在坪數不大的客廳裡放置一套可供攀爬的遊戲設施，請求我們在假期中把一些比較貴重的擺飾品暫時收到儲藏室去。而當他們進入爲音樂、戲劇著迷的青春期時，又希望重新安排客廳的家具，成爲一個舒適放鬆的視聽空間。孩子們在參與規劃的過程中，逐漸學會了覺察自己的需要，以及如何運用環境的安排，適度而合理的滿足自己需求。

「改善環境安排」是一個「知易行不難」的觀念與技巧，利用暑假期間帶著孩子一起練習，對孩子自主性的長遠發展將有很大的助益。

小改變，在家玩也不無聊

1. 加法：在環境中「增加」有利的因素。

★ 豐富。引進能引起小孩興趣的活動或物品，例如沙堆、水池、適用長途汽車旅行的遊戲、圖書玩具等。

★ 擴大。擴大有利於孩子行為發展的場所，例如善用圖書館、游泳池、廣場等公共空間，或提供可讓孩子盡情嘻笑的場所，如庭院、公園等。

★ 替代。提供替代品或替代方式，以養成適當滿足及節制的習慣，例如提供一些空瓶或剩下少許的唇膏給對化妝品好奇的孩子玩耍。

2. 減法：去除環境中不利的因素。

★ 簡化。購買並安置適齡的家具，布置有助於孩子展現自主，並有效從事各種活動的空間。例如鏡子掛在和小孩齊高處，方便孩子自行梳洗；掛勾的位置設在較低處，讓孩子可以自己準備隔天要穿的衣物等。

★ 貧化。去除可能助長不當行為的刺激或物品，例如午睡時間把電視或收音機的聲音關小；就寢之前減低房間的亮度、不做會讓孩子太興奮的活動等。

★ 限制。設計可限制某些行為的作業或遊戲場所，例如設置嬰幼兒專用的圍欄、規定可以隨意畫圖的場所、限定車上的座位等。

3. 乘法：預防性、建設性的變化環境。

★ 系統。建構日常生活的「基本規則」，培養孩子打理空間的能力，例如準備留言版、備忘錄、緊急連絡電話號碼簿，決定待洗衣物的集中放置處等。

★ 計畫。編擬時間表、生活計畫等，培養孩子時間管理的能力，例如決定一週內預定看電視、使用電腦的時間，安排週末的閒暇活動、家務分配等。

★ 預防。依照孩子的年齡做好徹底的居家安全措施，例如在孩子還小時，購買不易打破的杯子碗盤、將貴重易破損的物品收好、將銳利工具上鎖等。

03
該不該跟孩子討價還價？

帶領父母成長團體多年，接觸過許多用心學習、努力成長的父母，發現只要有心吸收相關新知、演練溝通技巧，親子關係都能獲得相當程度的改善。然而，要眞正落實「人人平等」的精神、建立「尊重孩子」的態度，卻需要敏銳的自我覺察力，以及願意放下「威權」身段的勇氣。

其中，幾個例子留給我特別深刻的印象。有位媽媽和多年不見的老友們約好一同晚餐，下了班就趕著去幼兒園接女兒，一路興奮的告訴孩子：「晚上媽媽要帶你去見我的幾位好朋友，今天到超市只能進去一下下，買些水果和麵包就要走了，沒辦法像以前一樣又逛又玩。我們要趕時間，你先答應媽媽不可以要求買任何東西，好不好？」女兒眨著大眼睛似懂非懂的點頭道：「好，我今天不能買東西。」

未料當媽媽挑著水果時，女兒卻拿了一個小盒子從文具部跑來：「媽媽，這個盒子好可愛喔，可不可以買這個？」媽媽提醒她：「我們不是約定好了嗎？今天你不能買東西喔！」女兒有點失望的將文具盒歸了位，不一會兒又興沖沖拿了一個小娃娃跑過來說：「媽媽，這個娃娃會跳舞耶！」這位媽媽耐住性子答道：「我知道你很喜歡，但是這個娃娃看起來不是很耐用，大概只能玩個幾次吧！改天我們到百貨公司買品質好一點的，百貨公司的雖然貴一點，但你可以玩久一些呀！」女兒說：「可是你很少帶我去百貨公司嘛！而且百貨公司又沒有這麼漂亮的！」即使嘴巴裡抱怨著，女兒還是把小娃娃歸回原位，乖巧的跟著媽媽去排隊結帳了。

收銀機前的展示櫃正促銷著全家都喜愛的口香糖，女兒指著廣告開心的提醒媽媽，媽媽也很歡喜的拿了一條口香糖說：「好，這個大家都喜歡吃，而且你今天也很乖，就當做給你的獎勵吧！」結帳後母女倆愉快的趕赴聚會地點。

和孩子討價還價，會讓孩子產生「自己的決定永遠不夠好」的自我概念。

這對母女互動順利流暢，最後皆大歡喜，看似成功的溝通，其實卻隱含著一般父母不易覺察的「自我中心」之深層態度。我問了這位媽媽：「既然是做爲女兒很乖的獎賞，如果她喜歡的小娃娃和展示櫃促銷的零食價格差不多，你願不願意買給她這個小娃娃？」「是全家要吃的零食，爲什麼要說是給她的獎品？」這位媽媽楞了一下，若有所悟的笑了起來。

孩子自我克制的表現確實值得鼓勵，然而媽媽言語上的肯定，如：「你今天能夠依照約定來做，眞是不容易！」「你越來越懂事了！」等說法，對於提升孩子的自信，效果更勝過任何物質獎賞。在結帳時臨時決定買口香糖來獎勵孩子的自律，更容易讓孩子對於原先約定的原則產生疑惑。明明說好除了水果和麵包之外不能買其他東西，結果卻是依照媽媽的喜好與判斷來決定買或不買。若平時家中習慣存放一、兩包口香糖隨時可食用，那麼，讓孩子清楚了解買口香糖是爲家裡補貨用的，就不容易引起混淆和疑惑。

此外，既然約定好今天不買額外的東西，又提到「改天到百貨公司買好一點的」，豈不是自找麻煩？如果女兒發現貨架上有跟百貨公司賣的同款商品而且價格更實惠，那麼今天到底要不要買給她呢？

記得還有一位媽媽，爲了牙齒健康之故，平常管制兒子吃糖甚嚴。孩子生日當天收到一大盒糖果的禮物，媽媽知道必得放寬規定，於是找來兒子商量一天吃幾顆糖果比較恰當。五歲多的小男孩想了想，開口說：「我一天吃三顆就好了」，媽媽馬上回應：「那你一天吃兩顆好了。」兒子沒再說什麼就接受了媽媽的規定，因此媽媽覺得這是一次圓滿的互動。

事實上，孩子提出一天吃三顆已經自律甚嚴，但即使孩子的要求合理，許多父母仍然習慣和孩子討價還價，最終雖然順了父母的意，卻讓孩子產生「自己做的決定永遠不夠好」的自我概念，無法增長孩子的信心。我當下問這位媽媽：「如果兒子說一天兩顆就好，你會不會說一天吃一顆好了；如果孩子說只要一顆就好，你要不要考慮乾脆叫他不要吃好了？」這位媽媽當場哈哈大笑，也對於自己的威權有所覺察。

管教孩子時先想清楚合理的行爲底線，如果孩子提出的要求在這個範圍內，父母不只應該痛快的答應，更要爲孩子的自我節制喝采；如果孩子的要求超過合理的範圍，就需要說明底線在哪裡，並且溫和而堅定的執行；如果孩子的要求讓我們發現自己原來規範並不合理，那麼，就清楚的告訴孩子修正的理由。凡此種種都能夠幫助孩子成爲一個講道理、重民主的個體。

孩子就像一面鏡子，只要我們願意拋開面子、放下身段，做個不討價還價的父母，就能從親子互動中看到自己的盲點、逐漸成爲更成熟的爸媽。

04 為什麼大人可以，小孩就不行？

五月之後，初夏的空氣溫度遽增，加上高中的基測腳步已近，家有考生、尤其是第一個孩子要應考的家庭，多半進入全面戒備的狀況。

不僅孩子情緒緊繃，做父母的也同樣焦躁不定。在一個演講的場合裡，有位媽媽針對考前家裡的一場衝突，詢問該如何處理。

段考剛過，九年級的女兒考得不如往常的水準，回家已經哭過一陣子。媽媽知道女兒一向自我要求頗高，生怕考前壓力太大會影響基測的表現，安撫了孩子的情緒之後就建議孩子放鬆一下。孰料，孩子才剛打開音響、拿起許久未能享受的課外讀物，一身疲憊的爸爸進門了。看到孩子未盡如意的成績，以及靠在沙發椅上的悠閒模樣，爸爸怒叱：「大考就要到了，還有閒工夫看課外書，你就是太輕忽了才會考不好！」

聽爸爸這麼說，女兒好不容易穩定的情緒重新被挑起，忍不住又飆起淚來。當媽媽的聞聲趕來，對著爸爸皺眉頭：「你脾氣很壞耶！孩子壓力已經夠大了，你還對她這麼兇。」爸爸很無辜的說：「大考前還在聽音樂、看課外書，根本就不把考試當一回事！上次模擬考之後你還不是一直罵她太粗心，為什麼你罵就可以，我說就不行……」一樁小事件演變成家裡的大衝突，這位媽媽擔憂夫妻失和、孩子受挫，為此苦惱不已。

「你為什麼這麼……」「你自己還不是……」「我是因為……才……」，像這樣的對話在日常生活中時有耳聞。「待人以嚴、律己以寬」，對自己和對他人有不同的標準，不只是常見的現象，也是人際衝突的一大原因。

譬如許多父母會認為孩子考得不好一定是不用心、晚歸一定是因為貪玩，可是多半卻忘了當自己還在青春年少時，有多麼希望爸媽了解自己沒考好是因為題目太難、晚歸是因為碰到久未謀面的好朋友。這是人性的一部分，只要能夠了解就有機會化解。

常見的人際盲點

心理學家曾做過一個實驗：請一群大學生來參加模擬的電視益智問答比賽，依照抽籤決定哪些學生當主考官、哪些當考生。由於主考官可以任意出與本行有關的題目，因此考生答對的機率不會太高。接著請另外一些被請來當觀眾的學生爲主考官與考生評分，結果發現，即使觀眾明知道身分是抽籤決定的、這樣的考試不公平，多數的觀眾仍然認爲主考官比考生有學問。

一般人總以爲自己很理性，會同時考慮一個人的特質和他所面臨的情境，再來推論爲什麼這個人會做出某事。研究卻發現，人的理性遠較自己以爲的要低許多，特別是在對某個行爲做歸因（歸納原因是什麼）時，其實是很容易出現誤差的。上述的實驗結果支持「基本歸因誤差」的存在，也就是說，人們傾向於將別人的行爲歸因到性格的因素。

另外，「觀衆—演員差異歸因誤差」指的是，一個事件的旁觀者容易將主角的行爲歸因於個人因素，事件的當事人則容易將原因歸爲環境因素。譬如當別人遲到時，我們會認爲他不負責、不守時，自己遲到則可能怪交通壅塞或被前一個行程耽擱。這可能是因爲人們對自己的了解比較多，清楚事情的前因後果，而對別人容易只看到當下的行爲。另外也可能是因爲身爲觀衆時，自然會將眼光集中在主角身上，而主角的注意力則比較容易集中在環境上。

常見的盲點還有「自我目的歸因偏誤」，一般人在面對成功時傾向歸因於自己的性格因素，失敗時則傾向歸因給環境；表現不佳時認爲自己機運不好，表現優異則是因爲自己的才華和努力。

「人貴自知」不只是一句成語格言，更是生活智慧。每個人都有盲點，只要願意突破，就有機會化解衝突，讓人際關係更和諧。

少點指責，多些理解

無論是夫妻或親子之間，一旦能夠體認歸因偏誤的陷阱，就不會一味指責對方的不是，對自己類似的行為卻振振有詞。然而，人際間衝突難免，情緒激動時很容易失去理性，遵循下列幾個步驟，即使表達不滿，也不至於過度偏頗。

1. **肯定對方所看到的事實**：你看到孩子在聽音樂、看課外書。
2. **反映對方的想法與感受**：你擔心孩子輕忽考試，基測會考不好。
3. **引導對方釐清歸因基礎**：你認為孩子經常如此，還是這一次考試的狀況特別？
4. **鼓勵對方了解來龍去脈**：你要不要聽聽看，為什麼我建議孩子今天晚上放鬆一下？

05 家有白目小孩怎麼辦？

最近接到一位朋友來電，爲了孩子不懂得察言觀色，老是在人際互動裡觸礁，感到困擾不已。詳細追問才知道，朋友的先生因爲在工作上屢獲佳績，公司將頒發獎金，一早出門前先生已經預告了這筆喜訊，並且要兩個孩子想想希望得到什麼樣的禮物。孩子們興沖沖盤算了一整天，到了晚上先生踏進家門的腳步才響起，他們就興奮的迎向前去，準備開口向爸爸要禮物。

未料，當天因爲公司有一些突發的狀況獎金延後發放，先生爲了處理危機緊繃了一天，進門時已是滿臉倦容。一路直奔過去的小兒子，眼見爸爸臉色難看，原本想好「爸爸給我買……」的台詞，到了嘴邊已經修正爲「爸爸，你要不要喝杯茶？」一點也沒有察覺苗頭不對的大兒子卻還傻呼呼的直拉著爸爸的袖子說：「爸爸，我想要買一台紅外線遙控爬牆車！」先生的疲憊瞬間化爲對孩子的不耐煩，竟怒斥大兒子：「你沒看到我已經快累死了嗎？一天到晚就會吵著要東西！」被爸爸這麼一罵，才小學三年級的大兒子嚎啕大哭起來，朋友趕緊出面打圓場，請爸爸先去泡個澡放鬆身體，再把孩子帶開處理。

安撫過孩子的情緒後，朋友發現大兒子完全無法了解，自己明明沒有做錯什麼事，爲何爸爸會大發雷霆。朋友心疼孩子不明就裡的受到委屈，卻也爲大兒子不懂得察言觀色、常常無端惹事，感到頭痛不已。

對別人的表情、肢體動作敏於覺察，能夠了解、體會對方正處於什麼樣的情緒狀態，並且懂得如何採取適當的回應，這些是人際智能的基本內涵，也是高EQ的極致表現。這種能力有先天的差異，即使是同一個家庭的孩子也可能有天壤之別的表現，但是後天的成長經驗仍然可以發揮相當大的影響力。一般家庭裡第二個孩子在人際互動中多半比較機靈，就是因爲看多了「殺雞儆猴」的場面，自然懂得察言觀色、判斷情勢。

設法提升孩子對情緒的敏感度

不同特質的孩子有不同優點。善於體察人意的孩子通常比較體貼，人際關係也比較順遂。不懂得看臉色行事的孩子在人際關係上比較直率，卻也可能因此活得比較自在。然而，朋友的大兒子不只在家裡會惹惱爸爸，在學校也常常因爲搞不清楚狀況而引起同學不快，而且屢屢爲了人際關係不佳暗自神傷，此時就需要大人幫一點忙了。

國小中年級是孩子社交技巧發展的重要階段，對於人際情緒覺察能力較弱的孩子，父母可以善用閒暇時光，透過遊戲引導孩子學習解讀表情與肢體動作所透露的情緒訊息，提升孩子對他人情緒的敏感度。這些遊戲從學齡前就可以開始玩起，隨著活動次數增多，孩子對他人情緒的覺察力也會相對提升。

隨著孩子年齡漸長，如果能在孩子碰到社交困擾時，多和孩子討論有哪些線索可以幫助我們察覺或判斷別人的情緒、家人在表現情緒時是否各有獨特的方式，以及發現某位家人處於難過、生氣、煩悶等負向情緒狀態時，自己可以如何應對等問題，對於降低衝突、提升家庭互動品質將有很大的幫助。

察言觀色小遊戲

1. **看圖說情緒**：針對生活中常見的正向與負向情緒類別，從雜誌上剪下帶有情緒表情或肢體動作的圖片，請孩子辨別並說出相對的情緒語彙。

2. **製作情緒圖卡**：將上述圖片貼到空白名片或硬紙卡上，並寫上正確的情緒語彙。可以讓孩子依照情緒強度排列、依照情緒相似度分類，或者輪流抽取圖卡，說出自己在什麼樣的狀況下會有這樣的情緒。

3. **比手畫腳**：家人輪流抽取紙卡並依照卡上的情緒類別，以比手畫腳的方式——不用語言說明，而以臉部表情或肢體動作來表現，讓孩子猜猜看是哪種情緒。

4. **聽聲音辨情緒**：聲調、語氣也是重要的情緒線索。爸爸媽媽可以錄製一段單純表達情緒的聲音，例如生氣的吼叫、悲傷的哭泣、開心的大笑等，或者用不同情緒來說同一句話，如「你怎麼了？」讓孩子聽聲音來判斷情緒類別。

5. **情緒線索追追追**：從舊雜誌上剪下大一點的表情圖片貼在紙卡上，再取同樣大小的空白紙卡四、五張，並在紙卡上各剪出一個大小不等的圓洞。依照所露出的面積由小到大，將紙卡放在表情圖片上，讓孩子猜猜看該圖片的情緒類別，看看孩子需要多大的洞，也就是多少表情線索才能夠猜對。

楊老師開講

分齡施教，有助孩子發展

我非常喜歡的一本繪本，內文描述一對因愛結合的年輕男女收到一份神秘禮物，裡頭是個身上附有「小野獸」標籤的可愛小寶寶，夫妻倆非常喜歡這個禮物，也對「小野獸」疼愛有加。

沒想到一個早晨醒來，他們發現可愛的小寶寶突然變成一天到晚尖叫的小禿鷹。就在他們倆面面相覷、討論該如何是好時，「小野獸」一下子變成一隻老是把東西捲進嘴裡、到處撞翻家具的小象，一下子又變成橫衝直撞、在泥巴裡打滾的野豬，甚至變成兇巴巴、一不小心就燒到別人的噴火龍。更可怕的是，有一天「小野獸」竟然變成了一個他們完全不認識、無法理解的毛怪，而且這隻怪物的毛越來越長、身體越來越壯。

正當夫妻倆煩惱不斷、日漸老去，不知道接下來該怎麼辦時，一天早上他們醒來，非常驚喜的發現，「小野獸」已經變成一個彬彬有禮，甚至會體貼照顧爸媽的年輕人。這位年輕人後來認識了一位女孩，就像爸媽當年一樣享受著愛情的甜美滋味。而在這對年輕男女要去告訴「小野獸」的父母，他們決定相守一生時，赫然發現他們——當年那對年輕夫妻——已經變成了一對老鵜鶘。

故事在一雙年輕男女攙扶著一對老鵜鶘的畫面，以及「生命真奇妙，是吧！」的文字裡劃下了句點。而繪本創作者對於父母喜獲麟兒的快樂、教養子女的煩惱，以及孩子終於長大成熟的欣慰，那細膩精準的描繪，頗能安撫正處在養兒育女困頓階段的父母，至於已經走過這段歷程的父母，則肯定能夠引發會心的一笑。

孩子是這樣長大的

是的，即使順利長大的孩子，也都曾像小禿鷹、小象、小野豬，甚至噴火龍那般，令父母感到困擾，而青春期的彆扭與尷尬更是令人難以捉摸的挑戰。但是，也有一些孩子因為成長歷程不順利，始終無法脫離長毛怪的階段，讓父母在早該卸下養兒育女重任、享受生命另一段悠閒的年齡，還得一路為孩子煩憂操心。這其間的差別，在於父母是否能夠了解孩子的哪些行為困擾是發展過程的正常現象，又需要什麼樣的規範引導才能幫助他們日漸成熟。

孩子的發展就像植栽的成長，父母親要扮演好園丁的角色，除了提供孩子發展所需要的養分之外，還必須防治病蟲害、在強風暴雨的季節提供適當的保護。當幼苗出現歪斜時以支架扶正，而一旦逐漸茁壯就要讓孩子接受自然環境裡的種種考驗與磨練。雖然辛苦，但當孩子長成大樹時，父母也可以卸下重任，欣賞並享受那大片的樹蔭與纍纍的果實。

孩子是一天天日漸長大的嗎？還是有一天你醒來，會詫異的發現孩子好像在一夕間和以前迥然不同了？人生是漸進的變化歷程，還是像爬樓梯一樣，由一系列各有其獨特樣貌的階段所構成？每當孩

孩子不同的成長方式

子邁入一個新的階段，在生理、智力、人格、社會性等各個層面，是否會產生明顯而快速的變化，並且在各種功能上更趨向成熟？

雖然一天天日漸成長、連續變化的發展現象也存在，但如同多數家長知道「孩子第一個反抗階段是『愛說不』的兩歲，第二個是『喜歡挑戰父母權威』的青春期」。孩子在許多層面如行為方式、認知能力、人際關係等，在不同的年齡階段確實有各自獨特的變化與挑戰，階段的觀念也普遍存在大衆心裡。

心理學家將人的一生大致分為〇至一歲的嬰兒期、一至三歲的幼兒期、三至六歲的學前期，以及其後的學齡期、青春期、成年期前期、成年期後期（或中年期）、老年期等八個階段。所有的人都依照相同的順序完成生命發展的歷程，而由一個階段邁入另一個階段的時間點，也有「一般年齡」——多數人出現此變化的年齡，做為參考依據。

不過，各階段的年齡劃分仍然只是一個大概的數字，每個人的發展速度在一定範圍內的個別差異都被認為是正常的。有的孩子早

落後的孩子有天也能迎頭趕上

階段一

階段二

熟，有的孩子晚熟。有的孩子在某個階段發展得很快很順利，下個階段卻可能挫敗困頓、舉步維艱。有些孩子可能在前幾個階段發展得似乎比較慢，但後來的階段卻異常順利。許多父母都聽過「大雞慢啼」、「大器晚成」等俗諺，或者有人說「孩子開竅得晚，不代表他不聰明」，指的就是像這樣的狀態。

除非孩子的發展年齡和一般人落差太大，或者許多發展項目都落後，才需要進一步了解是否有發展遲緩的現象。只要父母能接受每個孩子都有與生俱來的獨特樣貌，而非依照自己心目中完美小孩的形象來要求或期待，並且善盡責任陪伴、引導孩子順利完成前五個階段的發展任務，孩子就有能力與機會為自己創造豐富美好的人生。

隨著孩子的成長晉級

至於不同階段的孩子會有什麼樣不同的風貌、要面對什麼樣的課題，父母又可以如何陪伴引導，心理學家艾瑞克森（E. Erikson）提

父母要接受孩子的獨特樣貌，
而非依照心目中完美小孩的形象來要求或期待。

出的觀點或許可以做為參考。

1. 嬰兒期（〇至一歲）：建立對世界與生命的信任和希望。艾瑞克森認為，嬰兒階段最重要的任務是建立對外在世界的信任感，而這個信任感主要來自母親或其他主要照顧者如保母等，能否敏銳的發現嬰兒需要什麼，並及時給予回應。這個階段的孩子不會故意和大人作對，但他們也無法以語言明確表達需求。負責照顧的大人最重要的工作，就是從嬰兒的哭泣聲與身體反應等線索，掌握到孩子是餓了、尿溼了、身體疼痛還是要人陪伴，並且滿足孩子的需求。

發出的訊息得到該有的回應，孩子便能對外界建立基本的信任，感受到所存在的這個世界是不錯的。因此當母親或其他主要照顧者不在其視線內，或是稍微離開身邊，他們也不會過度焦慮。當孩子的心理達到某個成熟度，身體也發展出獨立行走的能力時，就會開始展現向外探索的好奇與動力。

2. 幼兒期（一至三歲）：發展自動自發的探索精神。這個階段的幼兒開始具有自我意識，什麼都想照自己的意思去做，但也很容易從各種嘗試中發現自己能力有限，仍需要依賴周遭的大人來滿足他們的需求，因此會產生羞怯、自我懷疑的感受。

此時孩子最需要的是父母設定一個合理安全的範圍，讓他可以充分滿足探索與自主的欲望，在成功時受到鼓勵與肯定，在挫折時尋求安慰與協助。當孩子發現在某些狀況下可以自由嘗試新想法，而非一再受到限制，並了解即使自己對於周遭環境有一定操控能力，但挫敗時仍然擁有父母的關愛與支持，他們就能發展出自主性，也為更年長之後的自信與自尊打下良好基礎。

3. 學前期（三至六歲）：奠定積極進取的生活態度。學前階段的孩子開始擴大學習範圍與人際關係，這些拓展讓孩子有機會練習訂定簡單的計畫並付諸實行。但因為行為能力更強、探索範圍更大，相對的也容易闖禍、惹麻煩。有人說三歲是「貓狗都嫌」的年齡，學前期的孩子挨罵的頻率確實比之前多了許多。

孩子在幼稚園的這幾年也是發展「控制衝動」、「延宕滿足」這兩項重要能力非常關鍵的階段。他們最需要父母在鼓勵嘗試錯誤和

了解各個階段的不同需求

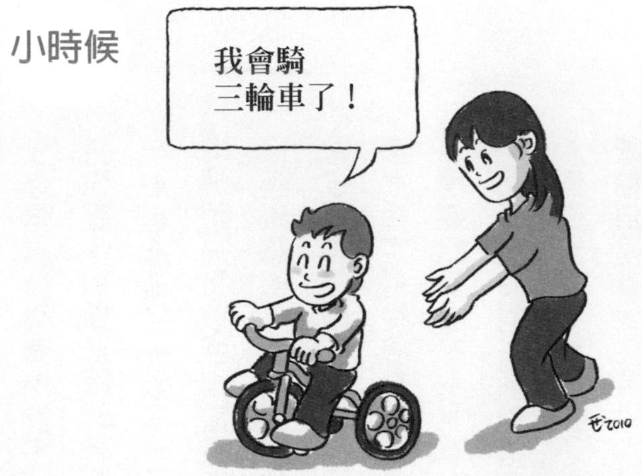
小時候
我會騎
三輪車了！

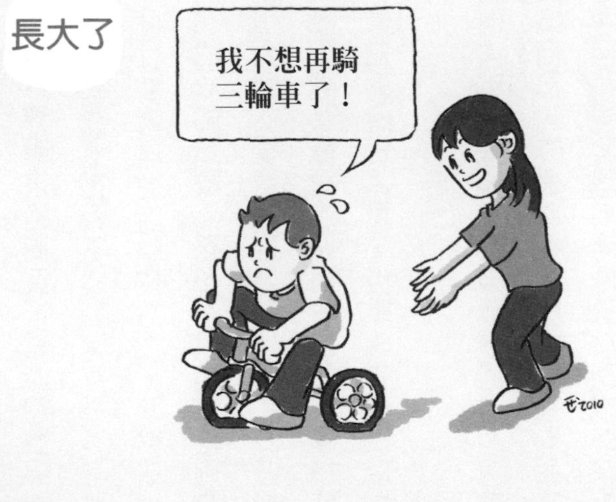
長大了
我不想再騎
三輪車了！

限制規範底線之間取得平衡。過度壓抑容易造成孩子心懷愧疚或罪惡感、畏首畏尾；過於縱容則會造成孩子任性、自以為是。如果孩子這個階段逐漸學會了調節自我與外界需求的衝突，就能夠發展出責任感，積極進取的去感受生活與學習的樂趣。

4. 學齡期（六至十二歲）：確立勤奮自信的學習方法。學齡期一向被認為是發展相當穩定而平和的一個階段。孩子不只開始能夠進行邏輯思考，相對穩定的情緒也有利於學習，這是為什麼在許多國家，這個年齡的孩子都要開始接受義務教育的原因。他們在學校持續而穩定的從事學習活動，不僅知識與日遽增，也學會許多日後生活需要的技能。

這個階段的孩子開始透過和他人比較來建立對自我的認識。適度的良性比較有助於孩子真確認識自己，也會以理想中的自我形象來激勵自己接受挑戰、向前邁進。但如果父母和老師過於重視競爭，自覺不如人的孩子會產生嚴重的自卑感，以至於對學習失去信心與興趣，而經常得勝的孩子也可能驕矜自喜或者害怕失敗。

心理學小辭典 **延宕滿足**

延後目前立即可有的滿足，以換取未來更大、更重要的報酬。

5. 青春期（十二至十八歲）：確定自我認同與生涯方向。

青春期是身體成長最快速、生理變化最劇烈的階段。因為性的成熟，讓青少年意識到成年期已經不遠，很快自己就要成為能夠獨當一面的大人。這些變化同時會促使他們去思考，未來在成年人的社會裡，自己想要扮演什麼樣的角色、擔負什麼樣的責任。

青春期的孩子最需要的是父母親主動提供更寬廣的自主空間、欣賞他們的成就與獨立的表現，並且願意一起討論在尚未完全成熟前必須謹守的規範。此外，他們仍然需要父母的引導與支持，進一步探索自己的能力、興趣、人格特質、價值觀等，以做為未來生涯選擇的重要依據。

在這個階段無法達成自我認同的青少年，因為人生缺乏目標與方向，很容易隨波逐流、逃避問題，或者因為對成人世界的敵意而顯得莽撞衝動。在這個養兒育女責任期的最後階段，父母更需要用心投入，才能夠在孩子進入成年前期、理當長大成熟的時候全然放手，也才能夠安享無憂無慮的老年生活。

我認識一位自幼十分聰慧、對萬事萬物充滿好奇的青少年，每次聽他媽媽提起這個兒子的童年往事，總是令人莞爾。這孩子三歲左右時，每天看著媽媽把髒髒的衣服放進洗衣機裡，接著倒一瓢白色粉末、按一個按鈕，再拿出來衣服竟然變得乾淨潔白，他的兩眼就會充滿驚喜的亮光。有一天，媽媽發現孩子竟然把一整箱已經玩得髒髒舊舊的玩具，通通都丟進了洗衣機裡，並且如法炮製的加了一瓢洗衣粉，然後充滿期待的等在一旁。

媽媽當下只說：「你很希望自己的玩具也可以變成乾乾淨淨的吧！但是有些東西會把機器弄壞，一定不能放進洗衣機裡去洗喔！」接著，她帶著孩子一起把玩具拿出來，讓他看到某些玩具泡水後就壞掉了，也一起把能夠處理的玩具洗得乾乾淨淨。

孩子的行為雖然造成了洗衣機的損壞，但他也許是對機器的運轉感到好奇，也許是想把玩具處理乾淨，這些動機都是良善可取的。之所以會有大人不願意見到的後果，是因為孩子對事物的了解受限於年齡，停留在片面思考的階段。他們只看到髒的東西經過這些程

> **大部分孩子小時候所做出的不當行為，多半來自對外在世界的一知半解。**

序之後變乾淨了，卻不知道眼前這神奇的機器只能洗衣服而不能處理其他有稜有角的東西。

像這個例子裡的小男孩一樣，大部分孩子小時候所做出的不當行為，多半來自對外在世界的一知半解。當父母的焦點只放在孩子的行為時，可能會感到十分困擾與氣惱，忍不住對孩子指責懲罰。但如果了解孩子的發展過程，將孩子的行為視為通往其內心的秘徑，父母便能從中發現孩子還不懂的是什麼，還有哪些行為需要父母的引導。如此一來，也就容易接納孩子的感受與需求，幫助他們從這些錯誤的經驗中學習，並因此進一步擴展孩子的視野、提升思考能力。

我們常說「對事不對人」，放在教養這件事情上也是一樣。孩子的行為當然需要管教，但一味指責孩子「不乖」或「不好」，不只無法幫助孩子了解為什麼不能這麼做，反而容易讓他們覺得挫折、困惑，或者產生自卑、敵意。教養要分開「人」與「事」，指的就是這個概念。

除了洗衣機事件，這位小男孩還曾經把吃剩的魚骨頭種在土裡每天澆水，希望種出一棵長滿魚兒的樹。他也曾將尿溼的褲子覆蓋在電燈泡上，希望趕快乾了可以再穿……。這個孩子從小就展現相當強烈的科學興趣，而他的父母除了隨時注意他的行動、劃定可以安全探索的範圍之外，也提供不少器材，讓孩子滿足想要親自操作實驗的好奇動機。這個孩子在青春期之後，選擇了科學研究的領域做為未來的志向，是父母適才適性又能分齡施教的極佳範例。

掌握教養關鍵階段

「不要讓孩子輸在起跑點」，一句朗朗上口的廣告用語，卻是現代家長在面對養兒育女的課題時，最大的壓力來源之一。這一句話之所以有這麼大的影響力，多半是因為家長對「關鍵期」這個重要概念一知半解。

有一個實驗，把剛出生的小貓養在沒有光線刺激的暗室裡，結果即使是先天沒問題的小貓，也無法發展出正常的視力。此類關於生理發展受環境刺激影響的研究有不少，學者基於研究結果提出「關鍵期」的概念。在成長的某個特定期間裡，只要有適當的環境刺激，孩子特別容易學到某些能力與行為。一旦過了關鍵期，要學會這個能力或行為將會相對困難。特別是在大腦快速成長的嬰幼兒期，提供大腦適當刺激是非常重要的。

常有人說孩子的大腦像海綿，能夠快速且輕鬆的學到各種技巧。但經過更深入的探討，卻發現並非所有的學習都是越早開始越好，而贏在起跑點的也未必能夠一路領先。

研究發現，大腦的發展可以區分為兩種。其一是「期待經驗的腦發展」，主要發生在嬰幼兒階段。簡單的說，在經過幾百萬年的演化之後，人類嬰幼兒的大腦好像一部配備完善的機器，期待著日常生活經驗來扮演加油及啓動的角色，只要有充足的機會看到東西、聽到語言和聲音、觸摸物體、運用身體探索環境，大腦便能夠正常發展。譬如說話這件事，只要有適當的語言刺激，沒有先天缺陷的幼兒都能發展出正常的語言能力。

第二種叫做「依賴經驗的腦發展」，這種讓大腦更精密、更複雜的發展受後天的學習經驗影響非常大，而且終其一生都持續在進行著。音樂家和科學家因為常用的腦區不一樣，大腦也會有些許差異。同樣的，具有正常語言能力的孩子，因為後來的文化環境、學習經驗不同，而擁有相當不同程度的外語、寫作、辯論等和語言有關的能力，都是因為第二種腦成長的差異所致。

一般嬰幼兒只要有適齡的玩具，有充足的時間玩遊戲、隨意歌唱、聽故事，獲得大人的關愛，和其他小孩一起玩耍，都能順利完成第一種腦成長，並為第二種腦成長提供良好的基礎。世界上不管那個文化裡都有像躲貓貓這樣的遊戲、三輪車之類的兒童運動器材、節奏簡單容易上口的童謠等，這些其實都是在人類長期發展之中自然而然保留下來，有助於嬰幼兒發展的文化活動。

一般家長都知道，太過貧乏的文化環境可能造成孩子的大腦發育不良，卻不知道當孩子還沒成熟或準備好時，就給予過多的刺激、作業，以及過高的期望，也會威脅大腦的正常發展。過早的學習可

> **除非嚴重缺乏適當刺激，**
> **孩子的學習並沒有太多**
> **「錯過關鍵期即無可挽回」的現象。**

能使得大腦過度負荷、對日常生活經驗的敏感度變差，影響第一種腦發展，而第二種腦發展必須建立在前一種已經完成的基礎上。當這個基礎不夠穩固時，對於後來更精密複雜的腦成長，如閱讀、音樂、體操等需要大量訓練的技巧與能力等，反而會有負面影響。

因為希望孩子贏在起跑點，許多父母會在孩子年紀還很小時就送去上潛能開發的課程。事實上，此類課程的成效往往不如商業機構所宣稱，許多成功的案例都是原來在那個領域就具有特出才華的孩子。當家長為了讓孩子「贏在起跑點」所做的努力沒有達到預期的效益時，可能會因挫敗與失望而認為孩子很無能，並且在無形中將這樣的情緒與看法傳遞給孩子，對其自信造成負面影響。這種得不償失的結果，恐怕不是家長所樂見的。

雖然某些能力或行為確實有比較容易習得的年齡階段，但除非嚴重缺乏適當刺激，孩子的學習並沒有太多「錯過關鍵期即無可挽回」的現象。例如我們常聽說：學前階段移民到其他國度的孩子要習得當地語言非常容易，十二、三歲才移民的青少年也多半沒有多大的困難，可是成年之後的移民多半一輩子難以擺脫鄉音。有人認為這是因為語言發展有關鍵期，也就是說青春期前後的大腦變化改變了語言學習的能力。然而，到目前為止仍無確切的科學證據可以證明，語言發展是否具有關鍵期。觀察許多移居海外的成年人，就會發現，能否說得一口流利的外語，和這個人有沒有自信、是否願意積極和當地人互動交談等性格特質比較有關。

另一方面，倒是有不少研究指出，像衝動控制、延宕滿足、自我肯定、積極主動，以及品格德行等與成功息息相關的特質和操守，必須從小教起，等到成年後再來要求恐怕很難成功。目前，全世界都在談品格的重要，而品格與道德的基礎來自對於人我情緒的覺察與掌握，這也是EQ的核心。能夠覺察並同理他人的情緒感受，自然具有尊重、關懷他人的態度，而道德更是源自於對他人困境的不忍，以及對不公不義的憤怒。能將這份情緒能量轉化為公益行為，就是道德高尚的人，也是美好社會最需要的公民。

品格不應只強調外在的行為，更重要的是透過家庭教養與學校、

心理學小辭典 他律

道德規範未經內化而寄託在他人身上，個體因為害怕受「他人」的懲罰而做出遵守規範的行為。

社會教育，培養孩子內化自律的品格。根據多年前一項針對「道德自律與他律特質發展」所做的跨文化研究調查結果，發現無論是十二至十四歲的青少年前期，或者是十八至二十三歲的青年階段，台灣「他律型」的孩子都偏多，「自律型」則相對的少。什麼是「自律」、「他律」？簡單的說，「自律」就是道德規範經過內化，存在於個體自我之內，並成為個人的行為準則。「他律」則是道德規範未經內化而寄託在他人身上，個體因為害怕受「他人」的懲罰而做出遵守規範的行為，一旦這個「他人」不在時，個體就可能做出違反規範的行為。

舉例來說，路肩為什麼不可以超車？有人會回答：「因為警察會抓。」這就是「他律型」公民的標準答案。當沒有警察、沒有違規照相時，這些人就會走路肩，以求更快到達目的地。「自律型」的人不走路肩，是因為他認真思考過自己的行為可能會影響別人的權益或生命安全，因此不去做。在自律型的社會中，人民的生活品質好、安全感高，但如果在孩子的成長過程中，父母不重視品格的教養，這個期望猶如緣木求魚。

台灣不少家長獨尊智力發展，往往忽略孩子的性格發展與品格教育，總以為求學階段只要把書讀好，其他的長大再學就好。這是本末倒置的做法。學習的路很長、很寬，性格與品格的發展卻會在生命的前十八至二十五年大致定型，因此為人父母應該掌握性格發展的關鍵階段，培養孩子健康成熟的性格。

品格教養必須從小開始

小時候

長大了

06 怎麼跟青春期的孩子溝通？

如果你家有個正處在青春期的少男少女，仔細想想，你是否曾經在期待孩子能夠自動自發做某些事情時覺得：「都這麼大了，還不能爲自己的事情負責，眞是傷腦筋！」而當孩子的行爲、決定不符合你的期待時，心裡又忍不住冒出：「年紀還小，不懂的事還多著，就意見那麼多。」而你家那位青少年，有時候會對你說：「我又不是三歲小孩，不要再管我了！」可是當他無法做決定、面對困擾不能解決時，又希望你可以幫忙拿主意、協助解決問題。

談起青春期，做父母總是一顆心沈甸甸的，聯想到的不外乎狂飆、叛逆、衝突……。殊不知對身處青春期的少男少女來說，他們的心裡一樣不輕鬆，面對輕狂歲月，他們感受到的是壓力、苦悶、煩憂……。其實回顧人類發展的歷史，「青春期」這個詞、這個階段、概念在二十世紀以前可沒人聽說過呢！

青春期管教小撇步

在過去的時代，孩子在達到生理成熟的年齡時，多半也已經擁有獨立生活的能力，例如男生可以下田耕種，女生學會洗衣煮飯，具備了成爲一個大人的條件。經過「成年禮」的儀式，以及一些見習的經驗，孩子直接從兒童變成大人，既享有合法的權利，也有應盡的義務。

隨著時代變遷，特別在最近這一百年，可能因爲營養充足、被照顧得較好的關係，孩子生理成熟的年齡越來越早，身高體重的快速成長及身體比例的變化，使得青春期的孩子外型看起來就像大人一般。由於科技發達、資訊暴增，社會越來越複雜，人們需要更長的時間來充實獨立生活所需要的技能與性格。換句話說，要有能力成家立業還早得很呢！

於是，這個兒童與成年之間的過渡期被延長了，並且開始擁有屬於這個階段獨特的特徵，成爲生命成長歷程中，一個「不大不小、忽大忽小」的尷尬階段。麻煩的是，如果父母認爲孩子已經長大應該自行負責，或涉世未深不能自己做決定的事情，和青少年覺得自己可以作主，或是希望父母親引導、協助的事情，有太大的出入，家裡就會衝突不斷。父母挫折困惑、青少年憤怒混亂的情況也就不難想見了。

爲了避免落入無止無休的戰爭，別在每次衝突產生時才去爭論到底孩子長大了沒有。以下幾個小撇步提供家有青少年的父母參考：

1. 小事不管，管大事。如果親子關係一向和諧，青少年在重要的價值觀上多半還是和父母相像。無論如何，青春期的孩子不再只是「某家的小女（男）孩」，他們想要成爲一個完整獨立的個體，因此一定會在生活細節，如生活習慣、休閒方式、服裝儀容等等，刻意和父母有所不同。

懂得對這些小事不加干涉，甚至贊同、欣賞差異的父母，不僅能化干戈爲玉帛，還能贏得孩子的心。當面對大事時，孩子也就比較

> **對小事不加干涉，**
> **面對大事時，孩子就比較願意尊重父母的感受，**
> **接受該有的規範。**

願意尊重父母的感受，接受規範了。

2. 爭取孩子的共識。至於哪些是大事、哪些是小事？父母可以和孩子一起了解青春期的意義，確實體認除了生理的成熟，青少年還有自我認同、情緒人格以及社會關係要去學習。也可以一起研究，爲什麼法律要規定擁有投票權、當兵、申請信用卡以及結婚等等的年齡。

經過探究，關於哪些是父母必須把關的大事，哪些是孩子可以自己作主的小事，就容易達成共識，定下合理的規範。

3. 調整自我逐漸放手。長大不是一夕之間的事情，唯有父母的關愛陪伴同行，孩子才能夠在青春期化險爲夷，不只快樂的享受青春年華，更能順利的開創流金歲月。學習調整自己，從無微不至的呵護到欣賞甚至享受孩子的成熟獨立，就是爲人父母最大的回報。

07 如何培育未來好公民？

移居加拿大多年的朋友帶著孩子返台探訪親朋好友。聚會中，聽她正處於中學階段的女兒談起學校的社區服務課程，發現他們做得非常踏實。有的學生每週都到社區裡的小學為兒童說故事，有些選擇到老人中心服務。她的分享讓我憶起十多年前發生在北投的一段美麗故事。

一九九五年，北投區一群國小學童在老師帶領從事鄉土人文的田野調查時，發現了一棟即將被拆除的古老建築。經過文獻探討，發現這棟建築是日治時期興建的公共浴場，它的變遷與北投歷史息息相關。於是，這群師生草擬了一份陳情書，希望相關單位能夠將這棟建築指定為古蹟，並整建為溫泉博物館。可惜孩子們人微言輕，他們的意見未獲重視。

所幸，北投一群居民獲悉此事，深受這群師生愛鄉愛土的情懷感動，就成立了社團爲此事奔走。如今，這棟建築物以溫泉博物館之名、優雅溫柔之姿，成爲臺北市重要的觀光景點。當年參與推動的孩子們也都已跨出校園，成爲社會的中堅份子，並且在各自的崗位上持續發揮生命熱力與道德勇氣。

學齡期是培養良知的關鍵

相對於這樣令人欣羡的成長過程，有些孩子卻因爲無法獲得正向的支持與鼓勵，而走上道德觀念混淆、行爲乖張偏差的歧路。知名的心理分析學家佛洛伊德（Anna Freud）認爲，學齡階段是個體發展上「良知的年代」。她說：「兒童的良知，在這個階段建立或者無法建立；兒童的性格，也在此時期確定或者未能確定。」親社會與反社會這條岔路的起點，就在於兒童與青少年的階段。

學齡期與青春期的孩子不只長高、變壯，在概念和技能上也有長足進步，能夠更靈活的運用心智去探索世界的奧妙、了解萬物的原理。更重要的是，因爲其社會生活擴展到家庭之外的學校與社區，他們的社會性與道德價值都進入一個潛力無窮的發展關鍵階段。

在發展心理學上，「關鍵期」指的是：某特定事件對於某個特質或性狀的發展影響力達到最高峰的時候。然而，潛力意味著發展的可能性，卻不代表其發生的必然性。兒童與青少年有著強烈的傾向去學習不同情境下的行事準則，他們敏於觀察周遭成人的言行，對世事運行的原則求知若渴。如果家庭、學校及社區所提供的環境充滿溫暖、和諧、重視公益與利他，兒童與青少年自然會表現出強烈的道德使命感。反之，他們將學會冷漠、競爭、重視私利與自我中心。錯過了這個「道德大爆發」的階段，社會即使付出更多的成本，也將是事倍功半、成效有限。重視孩子良知良能的發展，大人們或許可以這麼做：

1. 確實要求孩子參與社區服務。「誠於內，形於外」是華人文化對於態度與行爲的關係的傳統看法，認爲行爲是內在態度和思維的延伸，因此在教育上側重觀念的述說和態度的確立。西方的心理

心理學小辭典 **門內腳效應**

如果人們答應參與很小的公益行為，未來需要他們為公益做出更多奉獻時，這些人同意的比例較高。

學家則發現，在某些狀況下這個因果關係剛好相反，我們的信念和感受可能是行爲的「結果」。不少家長和學生把公共服務當成一個不得不做的功課，透過人情蓋印章、認證了事，這類例子時有所聞。但其實落實社區服務的要求，可以讓孩子從行動中激發出道德觀念與態度。

2. 重視善行的「門內腳效應」。研究發現，如果人們答應參與很小的公益行爲，未來需要他們爲公益做出更多奉獻時，這些人同意的比例較高。原因可能在於，之前的小小行動改變了他們的「自我知覺」，認爲自己是熱心公益的社區居民，將這個行爲歸因於自己願意這麼做。而當一個人認爲自己是熱心、主動的社區公民時，自然會對公益事務更加關心，這樣的效應稱爲「門內腳」（**foot-in-the-door**）。從兒童、青少年期開始，無論孩子所從事的是什麼微不足道的服務工作，當他們產生「熱心公益」的自我知覺，將來就有可能成爲一位積極投入的好公民。

3. 為孩子提供支持自尊發展的環境。關於兒童青少年自尊的研究指出，自尊的發展來自於四個重要基礎：重要性、能力、德行以及力量。參與社區服務的孩子，有機會實際看到自己的行為對他人或環境帶來善的影響，自尊也因而提升。因此大人應肯定、鼓勵孩子的善行，孩子也將更能深刻體認「反求諸己是追尋美好生活最重要的因素」。

詹姆斯（Henry James）曾說：「生命中有三件重要的事：第一件是與人為善，第二件是與人為善，第三件還是與人為善。」我們未來的主人翁對生命的愛能有多深、對社會的關懷能有多廣，就看我們在他們良知發展的年代種下多少善行的種子！

08 如何陪孩子面對生命課題？

兩天豪雨、一片哀鴻，莫拉克颱風帶給南台灣的重創、留給台灣人的悲痛，是初見那龐大鬆散的雲團時所未能逆料的。看著那些山崩橋斷、路毀村滅的畫面，忍不住對大自然的力量心生敬畏；看著那些痛失親人、浩劫餘生的面容，很難不為災民們的哀慟同感悲戚。

八月八日至今，有些孩子因目睹災難場景而惶惶不安，有些孩子隨著父母賑災，從而體認到「人飢己飢，人溺己溺」的重要。也有不少孩子日日觀看災變鏡頭，以至於麻木了同理的能力。尤有甚者，本該是熱血澎湃的青年，竟在這國難當頭的時候，拿別人的苦難做為玩笑的對象。

在孩子的成長過程中，有許多重要的生命課題必須學習。有些課題會隨著成長的歷程自然出現，如對生死的體認；有些則會受到環境事件的刺激而產生，如對天災人禍的擔憂。無論是生命中必然浮現的課題，或是因特定環境事件而產生的，當孩子心中產生了不解或者是疑惑，成人就有責任陪伴孩子去面對、引導孩子思考，幫助孩子建立導航生命的智慧、跨越阻撓生命成長的柵欄，豐富孩子的內在生命力。

災後重建千頭萬緒，有些工作更需要投入專業的知識與能力，才能有效解決。身爲父母的我們，在這樣的時刻仍然可以善盡教養之責，幫助孩子從災難中獲得成長的力量，學會堅強面對無可避免的災難，溫柔散發對他人的關愛。至於如何幫助孩子解除焦慮與不安、建立正向積極的態度，適齡教養正是首要的原則。

◯至六歲的嬰幼兒

提供孩子安心的依靠。曾經在媒體報導中，看到一位經歷災變的孩子，乖巧勇敢的跟在母親身旁，卻在母親昏厥的那一刻，無法抑制的嚎啕大哭，令人爲之鼻酸。也曾看到小寶寶在母親的擁抱安撫下，露出如往常般的純眞笑容。

安全並不等同於安心，以較小的孩子來說，由於對事情的了解以及情緒的承受力都還未臻成熟，太強烈的負面情緒容易引發恐慌與焦慮，而熟悉的照顧者或其他長輩則是孩子安心的泉源。因此，對於災區的孩子，大人在適度安頓自己的身心之後，一定要記得關照孩子的感受。特別是頓失依靠的孩子，如果能由比較熟識的親朋好友，暫時塡補孩子情感依靠上的空缺，對孩子將有很大的幫助。

至於非災區的孩子，如果因爲看到災難的畫面而對死亡或分離產生恐懼，父母雖然無法提供「災難絕對不會發生我們身上」這樣的安全保障，但卻可以用「無論發生什麼事，爸媽一定會盡力保護你」的話語，來安撫孩子的心靈。

維持孩子生活的步調。描述納粹迫害猶太人的電影《美麗人生》裡，被關進集中營的父親爲了讓孩子保有童年的快樂與天眞、不要在小小年紀即感受戰爭的可怕，和孩子玩起假扮的遊戲，使兒子以爲集中營裡的一切都只是一場遊戲。日本的防災研究也指出，維持日常生活的步調、保有部分的生活樂趣，能夠提供災民面對困境的力量。因此，孩子的玩具、女性的化妝品，甚至美化空間的花瓶，都被列入災後所需支援物資的清單中。

一段床邊故事、一個絨毛玩偶，或有人帶著玩一點遊戲，都能帶給受災的孩子安慰。無論是捐出物資、親赴災區提供服務，這些需求都可以做爲參考。

六至十二歲的兒童

培養孩子的同理能力。對別人的苦難感同身受是人性本善的明證，也是道德行爲的基礎。目睹他人受苦而難過落淚，是多數人非常本能的反應。然而，過多的災難畫面究竟會令孩子對他人更加憐憫，或是反而麻木不仁？不斷重複的影像究竟只是滿足孩子的好奇，抑或讓孩子更能接受生命中無可避免的創傷？這些仍無定論。

建議父母多觀察孩子的反應，並適度選擇、限制他們與媒體資訊的接觸。陪伴孩子觀看經過整理、能撼動人心的影像紀錄，是培養同理能力的好方法。一旦他們對於媒體資訊已經開始表現出無聊、漫不經心的態度，甚至只想看刺激的畫面時，父母務必要進行討論，幫助釐清道德觀念，提供正確的訊息來教導他們分辨眞實與虛擬的差異。

支持孩子的善行義舉。這個年齡是良知發展的重要階段。無論是孩子自發性的善行義舉，或是跟著父母捐款賑災，都要給予支持、表達肯定鼓勵。能爲改善他人生活盡一份心力的孩子，內在就會產生有能力、有希望的感受，並從中獲得安定的力量。

十二至十八歲的青少年

鼓勵孩子進行價值澄清。青春期是建立道德思想與價值體系的關鍵時刻，除了鼓勵青少年發揮自己的力量、採取行動爲災後重建工作盡一份心力之外，持續和青少年討論災難所帶來的價值問題，也是父母的責任之一。

> **對別人的苦難感同身受，**
> **是人性本善的明證，也是道德行為的基礎。**

天災教導我們學會謙卑，懂得聆聽大自然的聲音；人禍則讓我們深刻體會，品格操守仍是人類社會的核心價值。當災難來臨時，更能彰顯出道德與價值的重要，青少年如果能多思考這類的問題，未來我們的社會才可能擁有懷抱「民胞物與」胸懷的中堅世代。

以身作則，堅強的面對災難，永遠是父母能給孩子的最好滋養。「房子倒了、人沒倒；精神在、力量在、希望也在！」災民自製海報上的這些字句，是最好的激勵。願所有的父母，都能陪伴孩子學會溫柔與堅強。

09 是寵溺，還是愛？

開學之後，黃昏的社區又開始熱鬧起來。等候安親班老師來接的孩子，在學校圍牆下成群結隊，另一個方向三三兩兩的，則多半是家長親自接送的孩子。就在幾天前行經某國小，恰好碰上放學的時間，也目睹了一幕令人憂心的景象。

一個孩子從校門走出來，見到媽媽的直覺反應就是把身上的書包、水壺全丟給媽媽，只留下飲料、零食在手上。看起來應該是中年級卻高頭大馬的孩子，悠悠哉哉的和同學邊走邊聊、吃吃喝喝。瘦弱的媽媽緊追上去，還一直問孩子：「會不會餓，還要不要吃什麼？」

「倖豬夯灶、倖子不孝」，無論古今中外都有類似的俚語存在，可見寵溺孩子會帶來不好的後果，是多數人心知肚明的道理。但這個後果要經過許多年才會逐漸浮上枱面，成爲明顯可見的問題。加上孩子小時候多半長得可愛，特別是欲望被滿足時所露出的笑容，帶給父母極大的成就感，所以，爲人父母在「愛與寵溺」之間很容易拿捏不準。

不忍，所以寵溺

父母親之所以會陷入寵溺的情境，追根究柢就在於「不忍」的心理，並且會以下面兩種方式表現出來：

1. 不規範行為。因爲不忍看見孩子的需求與欲望沒辦法馬上得到滿足，即使孩子的行爲已經侵犯到別人的權益、對別人構成困擾，也不加以規範。譬如任孩子在公共場合喧嘩，當孩子和別人有爭執糾紛時，只要孩子不是吃虧的一方，就放任不管等等。

2. 不要求負責。因爲不忍孩子必須付出心力承擔責任，即使是孩子已經有能力做的事情，也捨不得要求他自己做。譬如幫孩子提所有的物品、只要孩子念好書就不必參與任何家務等等。

「不忍」原是爲人父母必備的條件，因爲不忍孩子生病難受，再辛苦也要徹夜照顧。如果不是自己的孩子，無論精力或耐心恐怕都會大打折扣。然而，父母必須體認，考量別人的感受、適度約束自己的需求，是重要的人際能力之一。而適度的磨練與挫折更是生命成長必要的養分，因爲許多深層的快樂都來自於延宕滿足與克服挫折的歷程。

爲人父母者無不希望教養出有能力、有自信、負責任、受歡迎、謙虛快樂的孩子，但如果無法克制「不忍孩子受挫」的衝動，以至於放任或過度保護孩子，最終會導致他們對自己沒信心、對別人不尊重、成就表現低落、人際關係差等諸多父母不樂見的結果。

被別人伺候得好好的孩子沒有機會探索、發展自己的能力，長久下來會變成不敢嘗試、對自己沒有信心。以爲只要喜歡就可以的孩子，往往理所當然的要別人來配合他，無法尊重別人。缺乏自律的孩子意志薄弱，無法克服內在的困難與障礙，沒有堅定執行自我要求的力量，因此難有亮眼的成就表現。而寵溺所造成的懶散、驕傲、貪得無厭等，恰好都是相當不利於人際關係的性格特質。父母尤其難以想像的是，這樣長大的孩子未必快樂。孩子一旦習慣了需求要馬上得到滿足，碰到挫折時就特別容易感到不耐與憤怒。

「被溺愛兒童症候群」是二十一世紀兒童教育界最憂心的問題。要避免因寵溺造成問題，需要父母適度的抽離，在「不忍」的感性基礎上發展「管理」的理性作爲，於日常生活中落實管教的基本原則。

這個年代的孩子得到人類歷史上最豐富的資源、最大量的注意。然而，這些資源究竟是成長的助力還是阻力，就要看父母能否做到「愛，不要寵溺」了！

不寵溺的基本原則

1. **在合理範圍內，要求孩子獨立完成已經有能力做的事**。譬如孩子的學用品過重時，父母可以幫孩子分擔一部分，以免孩子的脊椎受到傷害。但仍須要求孩子自行背負書包、水壺等基本用品，讓孩子清楚知道那是他自己的責任，並從獨立完成任務中享受到成就與滿足的快樂。

2. **當孩子的行為對別人構成困擾時，嚴格規範並確實執行**。譬如孩子可以隨自己的意思，決定如何放置或收拾自己的日常用品。但對於家庭或學校的公用物品，就必須要求孩子嚴格遵守用畢放回原處的規範，以方便下一位使用者。

10 愛物惜福，該怎麼讓孩子了解？

兒童節剛過，不少孩子得到學校贈送的禮物。無論是文具用品、環保餐具，拿到禮物的當下，大部分孩子都會感到快樂。然而，這樣的快樂持續多久，可就因人而異了。兒童節的禮物不可能昂貴，有些孩子回家之後，隨手一扔就不再理會；當場嫌禮物不好，令旁人感到錯愕與感嘆的也大有人在。有些孩子則心懷感恩，無論是實際運用、珍藏起來、轉送他人，或者當二手物品義賣，他們記得的是師長付出的心意。

現代的孩子成長於物資富足的時代，得來容易，相對也就比較不懂得珍惜。此外，因爲孩子生得少，他們得到的關注與呵護遠高於人類歷史上的其他時期，所以容易將別人對他的好視爲理所當然，也比較難有感恩的心。再加上消費文化當道、商品推陳出新，如果沒有澄清價値的思考習慣，很容易掉進不斷追逐欲望的漩渦，成爲不滿一族。

以人類快樂爲研究主軸的正向心理學認爲，對好事不感恩、對擁有的不滿足，以及對壞事誇大、對沒有的抱怨頻仍，是導致一個人內心不平靜的最主要原因。

另一方面，惜福感恩則會讓人對生活滿意，產生幸福的感受。如何在滿足孩子物質需求與教導孩子感恩之間取得平衡，是爲人父母的重要課題。想要教出知足常樂、惜福感恩的孩子，以下三個基本原則或可做爲參考。

滿足孩子的「需要」

所謂「需要」指的是孩子身心的基本需求，譬如餓了要吃、冷了要穿，甚至爲了學習需要文具、爲了樂趣需要玩具等。只要是基本需求，父母應該無條件滿足，讓孩子產生安定的感覺。

我曾碰過某些父母以「成績未達標準，就不買新泳衣」做爲激勵孩子用功讀書的手段，讓孩子非常氣憤沮喪。如果游泳是學校的課程，或者是孩子日常的體能活動，舊泳衣穿不下就該買新的給他。剝奪孩子的基本需求很容易招致怨懟，而一個心裡充滿敵意與憤怒的孩子，很難同時擁有感恩的情緒。

節制孩子的「想要」

顏回以「單食瓢飲居陋巷，不改其樂」深受孔子賞識，他所表現的就是「需要之外無有想要」的典範。然而，「想要」也是人性的一部分。只要節制有度，並非罪惡，有時候甚至還能扮演創意與美感的動力源頭。

對於「想要」的滿足，父母最好明確規範在一定的時間、一定的額度，例如特別的節日、國小階段五百元以內等，或要求孩子儲蓄至總額的一定比例，再由父母補足差額等。每年兒童節，有些學校讓學生在有限範圍內票選想要的禮物，也有學校印發消費券，讓學生在校內合作社購買食品或文具。

這些基本上都能幫助孩子學習在能力範圍內，進行理性的消費，培養選擇的智慧。

曾經看過一則故事，有位國王微服出巡來到鄉下，鄉民們無不竭盡所能把家裡最好的東西拿出來招待國王。沒想到國王卻把唯一的珠寶賞給只奉獻了一顆雞蛋、衣著破爛的窮苦人家。大家忿忿不平，國王卻說：「因為這一家子奉獻給我他們所有的全部。」

適度讓孩子了解每個人的經濟能力不同，只要有考慮收禮人的需要，有用心的去準備，就是最珍貴的禮物。如此，孩子也才能體認到「禮輕情意重」的意義。

心理學小辭典　正向心理學

是近年心理學發展的新趨勢，指遇到挑戰或挫折時，人們會產生解決問題的企圖心，並設法改變思路，強化正向力量。

示範真誠的感恩行為

以身作則是最容易、也最有影響力的教養金律。與其告訴孩子「要知足常樂、心懷感恩」，不如在日常生活中，真誠的分享自己對於某些人事物的感恩。當父母真心表達感恩時，不只自己的情緒會更快樂，也會帶給家庭平和的氣氛，對孩子將能產生更長遠的影響。

心理學家艾門斯（Robert Emmons）和麥克勞夫（Michael McCullough）曾經做過一個實驗。他們將學生隨機分成三組，要求他們寫兩週的日記，其中一組寫令他們感恩的事、一組寫下讓他們討厭的事，另一組則只記錄日常瑣事。結果，寫下感恩事件的學生，無論是快樂的感受或對生活的滿意度都急遽上升。由此可見，幸福與否不全然取決於客觀的條件。如果不懂得感恩，即使錦衣玉食也未必快樂；如果能看到別人對自己的好，就算粗茶淡飯也吃得開心。

我們的生命中有哪些值得感謝的地方？如果要列出值得感謝的事，這個清單將會有多長？當年歲日增，我們是否愈能感受到生命受到許多人事物的幫助？

試著想想這些問題，當我們在寫下答案時，將會體認到「感恩，爲快樂加分」的眞理。

楊老師開講

適才學習，人人都是寶

「望子成龍、望女成鳳」是為人父母共同的期待，但是，每個孩子都能成龍成鳳嗎？或者，只有成為龍鳳才值得期待嗎？在這個過度吹捧天才與成功的時代，許多父母背負著「一定是我沒做，或者做了……，孩子才沒能出類拔萃」的罪惡感，也因此對於孩子的潛能開發充滿焦慮。

事實上，IQ的相關研究指出，一般而言IQ的發展速度頗為穩定，通常在孩子進入小學之後，除非環境中有非常戲劇性的變化，否則個人的IQ不容易出現驟然、大幅度的改變。遺傳對智力具有相當大的影響，溫暖、提供較多文化刺激的家庭環境等有利條件固然可以提高孩子的IQ分數，但相較於先天的遺傳因素仍是小巫見大巫。

我常問年輕的爸爸媽媽，如果莫札特的父親在世，並寫了一本名為《我如何教養小莫札特》的親子教養書，我們仔細研讀並起而效尤，家裡的孩子是否一定可以如莫札特那般成為音樂天才？非常有趣的是，只要是以莫札特為例，幾乎所有的父母都一致搖頭。再問為什麼，多數的父母會說「因為莫札特是天才，他的音樂才華是與生俱來的。」

玉不琢，不成器

的確，莫札特六歲就寫了許多首鋼琴小步舞曲，八歲更寫出交響曲，海頓曾經表示「下個世紀將看不到這樣的天才」，而歌德更讚嘆「莫札特的天賦，是永遠無法解釋的奇蹟！」即便不是天才，每個孩子都有與生俱來、獨特的學習性向。以音樂性向為例，大部分的幼兒聽熟了兒歌之後，幾乎都自然而然的會開口跟著唱和。在這些都還沒有上過音樂課的孩子裡頭，有些開口就是字正腔圓、音準絕佳，但同樣唱得開心，有些孩子卻是荒腔走板、五音不全。

許多父母相信「學琴的孩子不會變壞」，希望透過學習音樂來陶冶孩子的性情，但我通常會建議五音不全的孩子選擇不需要強烈依賴天生音準的樂器，如打擊樂等。

孩子在彈鋼琴時，只要手指的位置放對了，基本上聲音就是正確的，即使不準也是調音師的責任。但是像小提琴這樣的樂器，卻需要孩子在按住琴弦的當下馬上聽出來音調是否準確，並依此微幅調整手指的位置，以找出正確的音高。我看過一些孩子在學小提琴時，一再被媽媽斥責「音準不對」，孩子卻一臉懊惱的說：「我聽起來明明是對的嘛！」孩子因為無法正確辨識音準而被指責態度不好或不認真練習，真是無辜！

不過，雖然潛能是與生俱來的，但潛能指的是潛在的能力或者學習的傾向，沒有後天的栽培是無法成為可被運用的能力。同樣以莫札特為例，如果他的父親一輩子不讓他學音樂，恐怕也就沒有今天潛能是與生俱來的，但沒有後天的栽培，將無法成為可被運用的能力。

大家所熟知的莫札特了。「玉不琢，不成器」是眾人皆知的道理，任何一塊璞玉都需要獨具眼光的人穿透原礦看到它的本質，之後更需要有好的師傅精雕細琢，才可能成為美玉。孩子能否成器的確是父母的重責大任之一。

支持孩子發展潛能的四大原則

那麼，父母如何看到孩子的潛能在哪裡？又如何提供必要的雕琢呢？無論是從心理學對兒童青少年發展的研究，或者是長年從事親職教育和許多家長孩子接觸的經驗，我深深覺得以下四個原則非常重要。

1. 了解並接納孩子的潛能分布

現代的理論強調智能的多元性，而且認為智能應該與社會專業和真實世界的需求互相結合才有意義。心理學家史坦伯格（Robert J. Sternberg）認為，除了一般父母所熟知的「分析性」智能，也就是尋找方法完成功課等牽涉到高層認知的能力以外，還需要「創造性」與「實用性」兩種智能，才能夠提升個體的生活適應，包括自我管理、妥善處理人際關係，以及解決問題等。他把這三種智能的整合運用稱為「造就成功」的智能。

另一位心理學家嘉納（Howard Gardner）則提出「多元智能論」，將人類的智能分為八大種類。他認為，語文智能強的人對字的聲音、節奏、意義及語言的功能比較敏感，可能成為詩人、記者；對邏輯或數字模式有敏銳覺察力、善於處理一長串邏輯推理的人，可以當數學家；演奏家或作曲家是有能力創作或欣賞音調、節奏、旋律以及音樂表現形式之美的人；對於視覺空間能夠精準覺知的人，可能會是個優秀的雕刻家或建築師。

舞蹈家必須能夠技巧性的利用肢體來表現美、運動家則以肢體導向某個特定的目標；有辨識、分類動物、植物、礦物種類能力的人是最佳的博物學家；能夠敏銳察覺他人的心情、個性、動機、意圖，並做出適當反應的人，可能會成為治療專家、銷售員，或者政

心理學小辭典

內省智能

能夠釐清自身內在複雜感受，並依據這些感受來導引行為、提升自我覺察與自我了解的能力。

治人物。

最後一種智能叫做「內省智能」，也就是能夠釐清自身內在複雜感受，並依據這些感受來導引行為、提升自我覺察與自我了解的能力。擁有這種透視心靈的能力，通常對生活感到滿足，也容易獲得平靜祥和的感受。

人類的智能如此多元，而每個孩子都擁有其獨特的智能分布，這一點，只要有兩個或兩個以上孩子的父母都能體會。有的孩子從小伶牙俐齒，對語言與文學特別敏感，但碰到數字就頭昏腦脹；有的孩子精通數理，對邏輯與數字的掌握極佳，但就是無法理清楚那錯綜複雜的歷史脈絡。甚至，即使同樣具有語文優勢的孩子，也會因其他細微的差異，而呈現不一樣的智能風貌。

我家的兩個女兒都在大約國小四、五年級時讀起紅樓夢，但她們的讀後心得卻有天壤之別。大女兒讀畢紅樓夢的第一個議論是「還好林黛玉和賈寶玉終究沒有結婚，否則林黛玉為了確認賈寶玉對她的愛而屢屢為難對方，等到結婚之後愛情變淡了，可能會遭到賈寶玉的報復。」

小女兒是在五年級上學期開始讀紅樓夢，一整個文本讀下來已接近期末。記得有一天她問我：「媽媽，你寒假比較有空，對不對？」我才剛答「是」，她接著又說：「那你可不可以煮一種茄子給我吃？」雖然廚藝不佳，但我想茄子應該不難，便回答說：「沒問題啊！」小女兒馬上興奮的說：「可是這種茄子需要九隻老母雞喔！」即使她的引述不甚正確，但一聽就知道她腦海裡想的可是大名鼎鼎的紅樓美食「茄鯗」，我當下直搖頭說：「這個媽媽實在做不來！」

「一樣看花，兩樣心情」，大女兒一向對人際關係特別好奇，看文學名著總喜歡針對人物品頭論足、對關係發表評斷議論。而小女兒則是對於文字描述有細膩獨到的感受，一個聲音、一個場景，都能把她帶到想像的國度。大女兒後來選擇了心理系，小女兒雖然未必會走上文學的道路，但語言文字始終能帶給她極大的樂趣，成為她生活的調味料。不同的潛能組合會譜出不一樣的人生旅程，而只要順著孩子的潛能發展，都會是令人欣賞的好風景。

2. 對孩子的潛能抱持恰如其份的期待

多年前，教育學家李維斯（R.H.Reeves）寫了一個膾炙人口的寓言故事《動物學校》，部分內容如下：

「從前，動物們決定要好好做些事以因應時代改變的挑戰，因此，牠們成立了一所學校，設計了一套包含跑步、攀爬、游泳及飛翔四個科目的課程。爲了便於管理，所有的動物都必修這四個科目。鴨子在游泳課的表現優異，甚至比教練還要好；但到了學飛翔的時候，牠只能勉強及格；至於跑步，牠的表現更是慘不忍睹。由於牠跑得太慢了，所以每天放學後都要留下來練習，甚至還得退出游泳課來練習跑步，最後連游泳課也只拿到「普通」的等級。不過，由於「普通」是學校可以接受的程度，所以除了鴨子之外，沒有人會擔心這個結果。

在跑步課上，兔子原本是班上第一名，但因爲游泳常常需要補救學習，因而跑步方面的良好表現也無法維持下去。松鼠攀爬的表現優異，但在飛翔課上卻倍感挫折，因爲老師規定牠只能從地上起飛，而不能由樹梢飛下來。結果，松鼠因爲過度練習而生病了，牠的攀爬只拿到丙，跑步甚至只拿到丁……。」

過高、過低或不尊重孩子本質的期待，會為親子雙方帶來兩敗俱傷的慘狀。李維斯博士以其對教育的關注與專業所提出的提醒，也是我在親職教育工作中最深的感觸。只要期待對了，孩子從來不會讓父母失望。但如果孩子明明是善於跑步的兔子，父母卻堅持要以培育鴨子的方式來養育孩子，並期待孩子要成為游泳健將，那麼不只注定失敗，最後孩子會連原來的優勢能力也無法充分發揮。

再以學樂器為例。如果父母在意的不是孩子的表現，而是希望以學樂器為媒介，讓孩子與藝術更親近，並且擁有一個抒發情緒的才能，那麼對於音準不好的孩子來說，打擊樂等不需要靠音準來及時調整演奏的樂器可能是比較好的選擇。或者，如果孩子依然覺得小

尊重孩子不同的潛能

當擅長跑步
的兔子
去學游泳

提琴是他喜歡的，父母可以和老師取得共識，只要孩子樂在其中，不需和原來天分不同的孩子比較或一直追趕進度，那麼即使孩子成不了音樂家，也可以從中獲益，更不必為了學習樂器付出親子衝突與自信低落的代價。

更重要的是，音樂並非接近藝術的唯一途徑。我看過一些喜歡美勞也頗有天分的孩子，只為了彌補父母童年的渴望與憧憬，被強迫放棄美勞，選擇自己非常不在行的樂器，結果弄得全盤皆輸，付出的代價實在不小。許多孩子都曾經對父母說過：「爸爸媽媽！如果學鋼琴這麼重要、這麼好，你們為什麼不自己學呢？」這話的確值得父母深思。

3. 提供孩子必要的資源與支持

潛能不同，父母對孩子未來的想像與規劃當然也應該有所差異。但無論潛能分布如何，每個孩子都需要父母的資源與支持。「十年樹木，百年樹人」，孩子的潛能發展雖然遠比植物的成長要複雜奧

無論潛能分布如何，
每個孩子都需要父母的資源和支持。

妙許多，可是從教育和教養的角度來看，確實有一些異曲同工的地方。在網路上可以看到許多談果樹栽培的文章，其中提到的幾個要點非常有趣且發人深省。

無論哪一種果樹，養分管理是第一要務，意思是要注意施肥的時間、頻率、份量及肥料的成分配方。不同的果樹需要的營養條件有異，不同的潛能發展也需要不一樣的資源。以閱讀為例，雖然閱讀對於所有孩子來說，都是一件重要的學習活動，但不同潛能的孩子對於閱讀的需求也不一樣。語文優勢的孩子需要父母依據他的興趣與閱讀能力，大量提供適合的文學作品，只要份量與難易度對了，這樣的孩子就會廢寢忘食的埋首其中。

至於科學性向較強的孩子，他們可能喜歡百科全書甚於純文學作品，對於文學作品的理解始終停留在童話的架構，只記得情節大要，作品裡細膩的描述或深刻的思想則是一點感覺也沒有。這樣的孩子可以透過閱讀具有文學性的科學作品，如《昆蟲記》、《希臘三部曲》等，滿足他們對科學的好奇，同時也體會文學的興味。這類孩子需要的是父母提供資源讓他們多參與科學性的活動，而未必需要爸媽買一堆系列性、大部頭的文學作品擺在家裡，要求孩子努力閱讀。

此外，即使是優勢能力，提供學習資源的時間點、速率、份量也都要配合孩子的智能發展狀況。養分不足固然會造成營養不良以至於長不好，養分過多乃至超過負荷也不見得是好事，這些都值得父母進一步探討深思。

做好養分管理之後，當果樹剛開花結果時就要進行疏果工作，也就是要將一些過多的果實，以及畸形果、瘦弱果、生長位置不佳等等的不良果摘除，將養分提供給留下的好果。疏果的目的在於集中資源讓果實長好，至於留果的實際數目可依枝條大小而定。只要有細微的觀察與經驗的累積，就能做出最好的判斷。

孩子也是一樣。雖然有些孩子的確十項全能、樣樣都行，但那終究是少數。多數孩子的潛能分布圖都是有高有低的狀態，再加上每個孩子可用的時間與精力都有限，如果父母不肯放下全能的期待，

順著孩子的潛能給予栽培

✕

○

就像果樹未經疏果一樣，最後可能連一個果實都沒有辦法長得好。父母要做孩子潛能發展的經紀人，看到孩子的亮點在哪裡，提供資源讓孩子發揮優勢能力，相對弱勢的部分則持續鼓勵孩子，接受孩子慢慢進步至一般水準即可。有時候，孩子在優勢能力的領域成功經驗充足、自信增加之後，學習的動機與習慣就能慢慢提升改善，原來的弱勢項目也會跟著進步。

第三個重要的工作是套袋，果農為了預防果實發生病蟲、鳥獸之害，以及確保果面色澤鮮麗，必須以紙袋包覆果實。但是凡經套袋者，仍須除袋使果實接受日照，以增進著色、提高品質。

現代社會科技進步、媒體發達，在帶給人類舒適便利的同時，也為孩子的學習和成長帶來一些負面的影響。就像果農要為果樹套袋一樣，父母也要為孩子把關，適當屏除外來的傷害。譬如在孩子尚未對閱讀產生興趣之前，不要讓孩子接觸太多以圖像聲光為刺激主體的媒材；不要為了圖一時清靜，就以電視、電腦、電動遊戲等做為安撫孩子的工具。一旦孩子對於學習已經有動機和興趣之後，父母就要逐漸放寬保護與限制的範圍，讓孩子學會在真實的社會中磨練自己的獨立思考與判斷。

4. 接納父母角色的有限性

曾聽過一位高中生對媽媽說：「我就是沒有一個好家世！要是爸爸精通數學、你深諳文學、爺爺上知天文下知地理、奶奶又是歷史學家……，那我現在一定樣樣表現優異。」雖然孩子是在開玩笑，但覺得自己「做得不夠好、給的不夠多」的歉疚感，對許多父母來說卻是真實存在的壓力。

其實，不只孩子的潛能有極限，做父母的也一樣有能與不能的地方。我家大女兒從小對人的敏感度就很高，對於探索人類行為也表現出相當濃厚的興趣。因為我自己學的是心理學，能夠和她對談的內容比較豐富，也比較能夠引領她去了解相關的知識領域。相對的，小女兒從小對文學、烹飪，甚至園藝非常感興趣，而這些剛好是我最弱也比較沒有興趣的領域，無法自力提供她所需要的資源。

直到孩子已經要上大學，紅樓夢的茄鮝終究未曾出現在我家的餐桌上。不過，當女兒告訴我想要退而求其次，做幾道難度低一點的紅樓美食時，我倒是認真的聽她描述那幾道菜的做法，陪她去找尋適合的食材。記得她完成了「油炸螃蟹小餃兒」和「蝦丸雞皮湯」那天，我們家享用了一頓美味晚餐，隔天她還得意的帶著作品去和她最喜歡的國文老師分享。

我的母親善於烹飪，也喜歡就各種食材進行實驗創新，寒暑假回娘家就是小女兒進行烹飪集訓的最佳時光。每碰到喜歡下廚的朋友，我也會雀躍的介紹給小女兒認識。或者交換心得、或者提供情報，孩子從別的大人身上得到的資源，以及和不同大人接觸的經驗，對他們來說是更好的學習。

孩子小學時，我連著好幾年，在自家為孩子和她們的同學舉辦「小小心理學家夏令營」，也讓孩子跟著別人家的爸媽進行自然探索、美勞活動……等。熱情貢獻一己之力、幫孩子組成學習團體，不只能提供孩子豐富的資源、達到易子而教的效益，也讓孩子看到智能的多元性，學會肯定每一個人的價值。更重要的是，當父母接納了自身的有限性時，自然而然的也就更能欣賞孩子的獨特性，讓孩子以自己的腳步去發展最適合的樣子。

打造孩子的學習動機

許多研究發現，IQ對於學業表現、生涯成就，以及某些心理適應能力雖然有其預測效力，但對於人生是否成功、個人是否自覺幸福，IQ的預測力就不那麼完美了。孩子與生俱來的潛能是否能夠經由教育與教養成為可用的能力，是否能夠充分發揮所長為自己創造幸福、為人群貢獻服務，除了IQ之外，更受到非智力因素如動機、興趣、毅力，甚至個性與情緒管理能力等的影響，而成就動機是其中最基礎的因素。

觀察各行各業表現卓越的人，確實會發現他們具有一個共通點，就是對於所從事的工作充滿熱情，並且對克服困難、追求成就樂在其中。心理學將這樣的動力稱為「成就動機」，它是一股內在動

> **心理學小辭典　成就動機**
>
> 對於所從事的工作充滿熱情，並且對克服困難、追求成就樂在其中。

力，讓個人願意全力以赴去完成自認為重要或有價值的工作，並力求達到盡善盡美的程度。

為人父母者當然希望孩子擁有良好的成就動機，因為成就動機高的孩子學習意願比較強，能夠專注的學習、自動自發的完成與學習相關的作業，也願意突破學習瓶頸、克服學習困難。但是，父母要怎麼做才能夠培養孩子的成就動機呢？研究發現，這和孩子從小對於自己成功及失敗的歸因（認為原因是什麼）有相當大的關聯。

一般人對於成就表現的歸因可以分為兩大類，即外在歸因與內在歸因，而內在歸因又可以進一步分為能力和努力。孩子從學步的階段開始，就會逐漸接收到周遭大人對於他們的成就表現的評價；到了學前階段，孩子則開始會對自己的成功與失敗進行歸因，這些歸因會影響他們對於自己能否成功的預期，而對於成功的預期又會影響他們在未來是否願意繼續努力。

將成功歸因於能力（我某某科目本來就很厲害），並相信能力可以透過努力來增進（只要繼續努力，我將來也可以做到……）的孩

心理學小辭典 **習得無助**

經歷過某件事後學習得來的無助感，意謂著一種被動的消極行為。

子，比較有勇氣和毅力來面對挑戰，碰到失敗時會歸因為可改變或自己可掌握的因素，例如作業太難或是不夠努力等。他們對成功的預期較高，高層認知和自我管理的技能都比較有效，也比較有毅力面對具有挑戰性的作業。

相對的，因為太多挫敗經驗導致習得無助的孩子，容易將失敗歸因於自己能力不足，而且認為能力是無法經由努力而進步的。習得無助的孩子即使偶有成功經驗，也會傾向於做出外在歸因，例如「我只是這一次比較幸運而已」等。他們對成功的預期低，比較缺少高層次認知和自我管理的技能，對於挑戰性作業的直覺反應是「我不會」，並因此選擇拒絕或逃避。

很多研究都發現，學前兒童傾向於高估自己的能力而低估作業的難度，對於成功多半抱著正向的期待。他們通常認為，只要持續努力，表現差的人終究還是可以成功，是「絕對樂觀的學習者」。在幼稚園裡很容易聽到孩子自稱「世界無敵宇宙超級棒」之類的話語，其來有自。我認識一位排行老么的小男孩，一直都很嚮往哥哥姊姊有學校可上、有功課可做。上小學的第一天，這個孩子回到家之後甚至連制服都不肯脫，可以想見他對學校生活甚至連做功課，都抱著極大的憧憬與期待。

許多孩子在剛接觸學校生活時，都具有這種渴望學習的強烈動機與相信自己做得到的信心。遺憾的是，小學畢業要進入國中時，多數的孩子對於學習是厭倦多於好奇、壓力大於成就感。再經過國高中六年份量極重、難度又高的學習之後，還能從學習中感受到樂趣與成就的孩子所剩無幾。多數孩子已經逐漸成了「習得無助」的學習者，即使有機會進入最能夠一窺知識殿堂奧妙的大學，漫無目標、缺乏動力的狀態，令這些孩子虛度光陰、一無所成。

從認知發展的角度來看，學齡前的孩子之所以會對學習抱持「無可救藥的樂觀」，是因為他們還沒有辦法分辨真正導致他們成功或失敗的原因。他們直覺認為所有好事都會一起發生，因此一個努力的人就是個聰明的人，而且也會是個成功的人。此外，這個階段的孩子因為能力的成長與變化快速而明顯，例如會綁鞋帶、能夠自

正面激發孩子的內在動機

己穿衣服、可以畫出一張像樣的圖、能夠演奏一首有曲有調的音樂等，所以也比較容易得到周遭大人的肯定和讚美。

從學前到學齡，因為學習活動增多，孩子難免要面對學習上的困難與挑戰。無論是複雜的拼圖或立體積木的組合、解答數學題目或造句作文，當他們覺得自己無法獨立完成作業或面對失敗時，會產生羞愧、沮喪等情緒。此時，他們最需要的是周遭成人（主要是父母和老師）能夠肯定他們的價值、支持他們的嘗試，並適當提供成功所需要的資訊及正向的回饋。因為大人對孩子的評價會逐漸內化，成為孩子對自己的看法，進一步影響他們對學習的態度。

父母常告訴孩子「你很努力喔！」「你比上次又進步了」會讓孩子覺得自己很不錯，逐漸發展出獨立的內在評價系統。而經常被斥責「你就是粗心大意」、「你怎麼這麼笨，連這個也不會」的孩子會覺得自己很壞，而認為自己就是這樣，被罵也是應得的。遭受過多負面評價的孩子會逐漸變得更依賴他人的評斷去衡量自己的價值，難以發展獨立思考的能力和自我肯定的態度，甚至影響此後的

父母對孩子的評價，
會逐漸內化為孩子對自己的看法，
進一步影響他們對學習的態度。

學習成效與生活適應。

當然，經過一次次的作業、評比、競賽等，孩子終究會日漸了解自己目前的能力大約在哪裡，也必須學習去面對並接受自己在人群中的相對位置。然而研究發現，最能夠有所成就的不是「絕對樂觀的學習者」，而是那些「務實樂觀的學習者」。他們清楚知道自己的能力在哪裡，相信只要肯用心努力，某些能力是可以獲得進展的，而對於自己的弱勢能力也能以一種自我肯定的態度來接納。這樣的孩子，無論在什麼樣的情況下，都能找到適合自己安身立命的地方，願意兢兢業業的發揮自己的能力、扮演好自己的角色。要培養孩子成為「務實樂觀的學習者」，以下原則值得父母與師長參考：

1. 適當的目標：選擇具有學習意義、符合孩子興趣、難度切合孩子當時能力的作業。

2. 明確的規範：確實監督孩子的學習作業、給予適當的支持與協助，幫助他們建立有效的學習策略和自我管理的能力。

3. 具體的回饋：提供孩子正向具體、可以促進他們努力與進步的意見，孩子才能從錯誤中學習，而不是徒留挫敗的感受。

4. 肯定的關懷：以溫暖正向的態度，幫助孩子了解、肯定自己現有的能力。和孩子討論成就的價值、努力的重要性。創造「重視學習過程而非最後結果」的氛圍、釋出「每個孩子都具有學習潛力」的訊息。

5. 尊重的態度：不強調評比、競爭、成敗，不因孩子的成就表現佳而給予特權，表現差就貶抑對孩子在其他領域或層面的評價。

了解天賦潛能、表達合理期待、提供必要資源、接納發展極限，同時看重學習過程、打造成就動機，是父母對於孩子潛能開發最好的態度。只要父母朝這些方向努力，每個孩子都有機會充分發揮潛能，成為最好的自己！

選擇符合孩子能力的目標

×

○

11 如何陪孩子找到生命的蝴蝶？

開學已有一段時日，幾位孩子剛進入大學就讀的朋友，最近陸續打電話來訴苦。他們提到，孩子不是玩社團活動玩瘋了，就是群居終日無所事事。對於這個狀況，由於孩子堅持已經長大不要父母干涉，或者在外地就讀以至於鞭長莫及，當父母的除了叨唸幾句外，似乎也束手無策。最令人費解的是，這些孩子國高中成績都相當不錯，上了大學之後卻像洩了氣的皮球，對於學習失去了興趣與動力，如果又迷上網路的話，簡直就是雪上加霜、毫無挽回的餘地了。

對學習的熱情是激發孩子積極向上、不斷往前邁進的動力之一。然而，什麼樣的經驗才能讓孩子感受「從不知道到知道，從不會到會」的愉悅，從而終生對學習抱持高度熱情呢？這個問題或許能從情緒的相關研究尋找答案。

心理學家史開特（S. Schachter）和辛格（J. Singer）針對人類的情緒經驗提出「認知評估論」。他們認爲，當人們受到外在情緒事件刺激時，自律神經系統會受到激發而產生亢奮的狀態，但這只是一個未分化、不明確的情緒狀態，唯有經過個人的「認知評估」，才會形成一個明確、特定的情緒經驗。所謂的「認知評估」是指，當一個人經歷某事件或行動時，會根據個人的習性、過去的經驗、現在的狀況等，對此事件或行動加以解釋。簡單的說，也就是一個人對某事件的看法。

譬如說，當我們所乘坐的車子在一個陡然下降的坡道上快速下滑時，自律神經系統一定會被激發，出現心跳加速、肌肉緊繃等生理現象。這樣的狀況如果發生在山區的道路，我們可能會推論是車子的煞車失靈，而產生驚恐的情緒。但如果是在遊樂園乘坐雲霄飛車，雖然身體仍會緊張，恐懼感卻會大爲減低。這就是認知評估不同造成情緒經驗有異的例子。

多給孩子支持與肯定

教育界流行一個說法：「求知的動力有兩種：一種是因爲前有蝴蝶翩翩起舞，引發孩子渴望追尋的熱情；另一種是因爲後有老虎緊迫追擊，使得孩子不得不奮力向前。」對照認知評估論的觀點，我們可以想見即使同樣積極努力，追尋蝴蝶的孩子對學習這件事情的情緒是愉悅快樂的，而被老虎追著跑的孩子想到學習恐怕多的是害怕、厭煩的感受。

追蝴蝶的孩子因爲有個目標吸引他，所以對學習能保有長久的好奇與興趣；被老虎追的孩子，只要有一天老虎不在，便沒有動力再往前邁進了。台灣的孩子國高中階段升學壓力非常大，再加上這幾年全球經濟不景氣、大陸開放造成人才激增，無論是老師或家長都爲孩子的未來憂心忡忡，卻又不知如何陪伴孩子找尋他生命中的蝴蝶，於是多半會以威脅、恐嚇來試著激發孩子的動力，最終卻讓孩子成爲老虎的受害者，犧牲了學習的熱情。上大學時，對學習已經

心理學小辭典

認知評估

當一個人經歷某事件或行動時，會根據個人的習性、過去的經驗、現在的狀況等，對此事件或行動加以解釋。

倒盡胃口的孩子比比皆是，多半來自這個原因。

另外一個衍生的問題是，爲了追尋蝴蝶而學習的孩子，因爲心中蝴蝶永遠都在，所以累了可以休息。如果是因爲被老虎追只好努力向學，即使疲累不堪也不敢放鬆。就算學業成就表現亮麗，最後卻必須付出焦慮、憂鬱等代價，從而產生「所爲何來」的疑惑。

我認識一位國中生，在被推薦進入學校的英語資優班時，告訴父母他不想參加要多留兩個晚上在學校的加速學習課程。他的理由是：「我的英文程度在這個階段已經足夠，而且語言學習只要有興趣、有方法，未來有練習的環境，很快就可以獲得大幅度的提升。我希望多出來的時間可以用來練習自己比較不擅長的數學，或者去運動、下棋、聽音樂、看小說……。」在這個連教育也講求績效的功利社會裡，這位孩子很幸運的擁有一對了解、接納他的父母。他們不在意外界的看法、自己的光環，而能肯定、支持孩子的決定。雖然最終沒有進入英語資優班就讀，但無論學習歷程如何，我們都可以預期這位青少年必然會擁有一片寬廣的天空，並且對學習保持高度的熱情與動力。

曾經在一次和孩子分享學習這個課題的講座場合裡，請孩子們以一至十標定自己感受學習樂趣的程度。現場四、五十位從小四到高中的孩子裡，竟然只有兩位的分數超過四，看了眞是令人難過。多麼期待每個孩子都能在老師和家長的支持下，免除被老虎追逐的恐懼，找到屬於他們生命的蝴蝶！

12 競爭力的真實意義是什麼？

每年四月是各縣市舉辦國民中小學科學展覽會的季節，多數的學校在寒假前就已經公布比賽辦法，並鼓勵學生組隊參與校內比賽。獲選為校內第一名的隊伍即可代表學校參加區域性比賽，為學校爭光，而區域性表現優異者，又可以參加全國的科學展覽會。因此，不只有興趣的孩子卯足全力的在設計、進行研究，也有不少家長協助搜尋資料、幫忙準備材料等等，表現得甚至比孩子還熱中。

曾經有位媽媽告訴我，女兒和幾位朋友組成的隊伍獲得了校內第一名，要代表學校參與全市科學展覽會。當天早上在出發前，女兒最要好的朋友對她說：「我祝你今天比賽不會得獎。」孩子當下一陣錯愕，沒多說什麼就出發比賽去了。為什麼要好的朋友會說出這樣的話來？這位媽媽後來才得知，女兒的好友從小被灌輸唯有勝過他人才具有競爭力，畢業時領取市長獎是這位女孩小學階段最在意的目標。這位女孩從小表現優異，市長獎勝券在握，可是她也知道全市、全國比賽得獎，在畢業成績的計算上將獲得加分，因為擔心自己的市長獎寶座岌岌可危，一時情急就對好朋友下了這個詛咒。

雖然這個媽媽的女兒並沒有追究，而她的這位朋友最終也還是獲得了市長獎，但經過這個事件之後，兩位女孩之間有了嫌隙與猜忌。後來兩人漸行漸遠，友誼逐漸淡去，再也難以重修舊好了。朋友是一生珍貴的資產，為了一個獎項失去真摯的友誼，從長遠的角度來看非常不值得。更何況在打壓他人的基礎上所建立起來的競爭力，不僅不能長久，也無法為個人帶來真實的快樂。

歐洲生產力組織在一九五九年的年會上，將生產力（或稱為競爭力）定義為「在現實中持續追求不斷進步的態度，以及相信今天比昨天表現更好的堅定信仰」。近幾年的企業研究也指出諸如包容、溝通與合作等隱性能力，對於競爭力的影響甚至大過於專業及語言等顯性能力。在講究團隊合作的工作世界裡，沒有唯一的第一名。

強調「個人取向」的成就動機，
能促發認真敬業的精神。

能夠肯定自己的能力、欣賞他人的才華，並且互相截長補短的人，才有機會組成夢幻團隊，攜手追求共同的目標與理想。

兩種取向的成就動機

根據心理學的研究，人類的成就動機可以分成社會取向（social-oriented）以及個人取向（individual-oriented）。前者指獲取社會認可的成就之動力，後者則指克服困難、追求更佳表現的內在需求。社會取向高的人追求世俗眼光中的成就不落人後，但對於那些無法獲得舞台與掌聲的事情未必在意；追求個人取向的人則重視如何把事情做好、如何超越自己過去的表現水準，是否能獲得獎賞並非最優先的考量。過於偏重社會取向，可能導致短視近利、投機取巧的態度；強調個人取向，則能促發認眞敬業的精神。

我曾在日本京都寓居一年。當時，大女兒尚在襁褓中。記得第一次帶孩子出遊，外子和我一個抱著孩子、一個背著大包小包，在站牌下等候開往動物園的公車。看到我們要搭的公車從遠方開過來時，因爲已經有另一路公車先靠站，外子和我馬上拿出在台灣搭公車的精神，一邊猜測公車會停靠在原來這部公車的前方或後方，一邊開始跑了起來。驚覺站牌下其他人納悶的眼光之後，才發現日本的司機一定等前一部公車離站之後，才會把車子開進來，該停在哪兒就停在哪兒。無論所從事的工作是什麼，所擔任的職務位階有多高，把分內事情做到最好，讓顧客享受愉快、舒適的乘車經驗，就是一種個人取向成就動機的充分表現。

面對全球化的世界趨勢，競爭力的養成確實非常重要。然而，眞實的競爭力來自於社會成員願意把握每一個機會盡情發揮所長，在每一個崗位上都全心投入並不斷自我超越。一旦盡了心力，獲得勝利固然開心，即使不成功也能坦然爲別人喝采，並見賢思齊回頭修正自己，讓自己在下一次機會來臨時，能有更卓越的表現。當每個人都能找到可以安身立命的位置，並且以敬業的精神面對工作、以樂群的態度對待朋友，不只能創造高生產力的社會，更能爲自己成就幸福。

13 孩子學習意願低落，怎麼辦？

「開學沒多久，媽媽提出只要考到九十分就給我一百元的獎賞制度。我想，她是爲了搶救我不斷向下探底的分數。只可惜她不知道，不管多想要那一百元，我不會的還是不會啊！」

最近有機會和一群青少年談話，其中一位剛上高中的女學生這麼告訴我。另一位同是高一新生的男同學接著說：「從開學到現在，我一直覺得很挫敗。明明和國中一樣認眞唸書，不知道爲什麼就是考不到好分數。以前拿到成績單總是不斷誇讚我的爸爸，現在見了我好像都不知道該說些什麼了！」

從國中升上高中，多數的孩子都會感覺到學習的內容變得更多更難。雖然隨著年齡的增長，學習本來就應該跟著加深加廣，但「再怎麼努力都無法反映在成績上」的挫敗，倒是許多高中生普遍的感受。即使是衆人矚目的明星高中學生，也一樣要面對這個令人困惑不解、挫折連連的學習狀態。兩位青少年的分享，只不過如實的反映了這種狀況。

這樣的教育實況，讓我想起心理學家契克森米哈賴（Mihaly Csikszentmihalyi）關於「心流」（mind flow）的研究。所謂的「心流」，指的是一個人完全沈浸於某種活動當中，無視於其他事物存在的狀態。這種經驗本身帶來莫大的喜悅，使人願意付出龐大的代價。合乎產生心流經驗的學習，會帶給學習者極大的滿足感，從而樂此不疲。

棋逢對手的樂趣

至於什麼樣的條件會促發心流經驗的產生？契克森米哈賴認爲，挑戰和能力的比例是其中最重要的關鍵。

簡單的說，當一個人的能力遠低於所要面對的挑戰或目標時，個人會感到焦慮；而當能力遠高於挑戰或目標時，個人則會感受到無

心理學小辭典 **心流**

指的是一個人完全沉浸於某種活動當中，無視於其他事物存在的狀態。

聊與厭煩。以下棋為例，一個剛入門的棋手和國手對奕，勢必造成一方焦慮、另一方無聊的情況，唯有「棋逢對手」才能使得雙方感受到對奕的樂趣。經過深入的研究，契克森米哈賴認為唯有挑戰與能力剛好達到平衡的黃金比例，才能夠激發個體投入這項活動，並帶來無限的樂趣。

然而，今天的教育設計在大班教學的環境下，教學進度與難度的規劃很難完全契合每位孩子的需求。尤其是高中教育普遍太難、太多，三年下來，多數的孩子成績低落，天天生活在挫折與焦慮之中，即使日後考上不錯的大學，也已經對學習失去興趣與信心。難怪許多學生進了大學之後，只要不考試就不讀書，一路玩到畢業，離開校門之後不再看書的人更是不在少數。面對這樣的困境，父母或許可以這麼幫助孩子：

1. 協助孩子了解自己的能力。父母可以和孩子一起從目前學習的結果，以及在全班、全校甚至全國的相對位置，了解孩子的能力大概在哪個程度、哪些能力是孩子的優勢。此外，另一個協助孩子建立恰當信心的好方法，則是去思考學科之外孩子是否擁有特殊的才能、技術，甚至個性特質。讓孩子知道學校的成績只是能力的一個參考值，而不是一個人的全部。

2. 支持孩子訂定適切的目標。微不足道的目標無法帶來成功的樂趣，可望不可及的目標則令人沮喪不已。有了對自己能力的了解做爲基礎之後，父母可以更進一步陪伴孩子探索並訂定切合他們能力的學習目標。例如爲不同科目訂下不同的成績標準，或者找出最符合興趣與能力的學校與科系，了解這些學校科系的入學標準，以此做爲目標。這些作法對於激勵孩子的學習動機將有莫大的助益。

3. 給予孩子誠懇具體的鼓勵。鼓勵和讚美不同，讚美是以行爲的結果來評價孩子，鼓勵則是以內在的付出來肯定孩子。面對五十分的成績，父母很難讚美孩子：「你眞是太棒了！」卻可以肯定孩子的努力：「看得出來你非常用心在準備。」或指出孩子的進步：「你比上次又進步好幾分了喔！」甚至以「只要持續進步，你一定可以逐漸達到目標。」來表現對孩子的信心。即使成績令人沮喪，

讚美是以行為的結果來評價孩子，
鼓勵則是以內在的付出來肯定孩子。

父母的鼓勵與肯定仍然能夠提供孩子學習的動力。

學習是一種知性的樂趣，能夠享受這種樂趣的孩子，終身受用無窮，而挑戰與能力的黃金比例最能促使孩子樂在其中。無論教育現況如何，期望父母能夠陪伴孩子發現他們的能力，找出最適合他們的挑戰，讓孩子對學習產生心流，愛上這種知性遊戲。

14 如何正面看待失敗？

四月中旬之後，各大學陸續公布第一階段甄選及申請入學的結果。一如所有的考試與比賽，最後總是幾家歡樂幾家愁。

已經有理想科系可以就讀的孩子，無論是大量閱讀課外書籍、盡情參與喜歡的活動，或者安排度假旅遊，因爲壓力頓減，多半能各自彌補國高中這六年來未能盡興的缺憾。沒能如願的孩子有的很快收拾起挫折感，爲七月份的指考繼續衝刺；有的孩子卻沉陷在挫敗的情緒泥沼裡，大大影響了後續努力的動能。

人生失敗難免，但遭受挫折之後，有些人意志消沈從此一蹶不振，也有人越挫越勇得以浴火重生，其差別就在於面對挫折的態度與因應失敗的方法。《哈利波特》的作者J.K.羅琳在一次對哈佛學生的演講中談到，她的人生曾經遭受一連串失敗的猛烈攻擊——破裂的婚姻、父母的非難、幾近無家可歸的貧困等。然而，這些失敗卻使她得以回歸到自己最初的寫作夢，因爲除了夢想，她已經一無所有。她說：「失敗幫我趕走所有非必要的東西，它教導我關於自身的一些事，而這是我無法以其他方式學會的。」羅琳所展現的是一種正向迎接失敗的態度，也是「失敗爲成功之母」的最佳寫照。

失敗從來不是一件愉快的事情，但卻也不必然是件壞事，事實上，許多研究指出失敗的確有其價值，讓我們列舉一二如下：

1. 失敗提供重要訊息，讓我們修正自己，留下深刻、長遠的學習。有些學習就像玩套圈圈，只要難度和孩子的能力差距不大，孩子自然會從每一次的錯誤中學到如何調整方向、掌握力道，直至準確度提升至自己滿意的程度爲止。如果大人一直從旁指導甚至指責，就算孩子一時做得不錯，只要沒人指導，他就不知道該如何操作，也無法對自己產生信心。

2. 失敗讓我們對自己有更正確的認識，能夠訂定更踏實的目標。自卑的人很容易貶低自己的能力，對於別人的批評則過於敏感，常覺得別人不重視他，無法欣然接受別人對他的讚美；自滿的人則自視甚高、很愛批評指責他人，對於沒把握的事情往往避而不談，挫折忍受度低，人際關係也不會太好。唯有建立在眞確的自我認識之上，才能擁有恰當的自信，失敗能夠提供我們極有價值的資訊，讓我們對自己的特質與能力有更精準的評估，進而訂定踏實的目標，免去好高騖遠、不切實際等問題。

3. 失敗讓我們重新思考事物的意義。生命的價值是由許多不同層面的事物統合而成，成功的定義也非常多元。有些人在失去事業之後才發現親情的重要，有些人在面對困頓時更能感受到友情的可貴，所謂「失之東隅，收之桑榆」，就是這個意思。失敗會促使我們重新探索眞正重要的是什麼，找到眞實的快樂。羅琳的例子就是最好的明證。

「嘗試錯誤」是非常可貴的學習經驗，成功屬於不怕犯錯而非從來不錯的人。期望天下父母都能在孩子犯錯、失敗時，給予他們了解和支持，讓孩子有機會累積失敗的經驗，鋪陳成功的道路。

引導孩子處理失敗的原則

並非每一位經歷過失敗的人都能夠越挫越勇，甚至從中記取教訓、獲取智慧。研究發現，挫折忍受度高的人面對失敗能夠抒解情緒而不陷溺、調整想法而不自貶，並能夠修正行動而不逃避，相對的也就能從失敗汲取養分，向成功推進。希望孩子具有面對挫折的勇氣以及克服困難的能力，父母親可以遵循以下幾項教養原則：

1. **要傾聽不要指責**。面對失敗感到氣餒是很正常的反應，但持續太久的負向情緒會阻撓理性的作用。傾聽可以幫助孩子學會抒解情緒，從情緒泥沼中脫困。當孩子已經在為失敗懊惱時，父母如果又嚴加指責，只會讓孩子的情緒更低落。

2. **要鼓勵不要貶抑**。除了已經自我放棄、或者故意讓父母生氣，多數的孩子在考試當下都會用心把自己的能力表現出來。無論結果如何，仍然要針對孩子的努力與進步給予肯定和鼓勵，他們才有往前的動力。

3. **要引導不要教訓**。當情緒獲得抒解、態度得到鼓勵之後，就可以引導孩子面對失敗，客觀的蒐集相關資料，探討未能達成目標的原因。孩子也才有機會從失敗中學習，減少同樣錯誤再次發生的機率，並且逐漸修正，學會對自己負責。

15 如何提升孩子的適應能力？

日前去了幾所小學，爲小一新生家長們提供「快樂上小一」的講座，內容主要是談如何協助孩子適應學齡前與小學生活之間的變化。演講後，有位家長提了一個問題，說他的孩子在暑假才剛學會單獨睡在自己的房間，不知爲何開學不久就每天吵著要恢復和爸媽同房；也有家長問到，孩子咬指甲的頻率變高、上廁所的次數增多，或者原本活潑的孩子突然變得沈默寡言，不知道到底是怎麼一回事、需不需要擔心。

這些問題都可以歸結到一個重要的課題——適應。所謂的適應是指「面對不同的生活環境、生活方式、人、事、物時，能調整自己使生活愉快的狀態」。任何人面臨環境轉換，如換保姆、出外旅遊，甚至新工作、新婚等狀態，或者面對每一個階段轉換，如幼稚

心理學小辭典 **適應**

面對不同的生活環境、生活方式、人、事、物時，能調整自己使生活愉快的狀態。

園、小學、中學等，都必須調整身心以適應新的環境。

適應性有個別差異

有些家長會說，老大都沒有這些問題，爲什麼老二這麼麻煩？也有家長陪伴第一個孩子經歷種種適應課題之後，覺得適應性高的第二個孩子簡直就像天使的化身。事實上，對於環境的變化是隨遇而安還是頑強抗拒，需要花多長的時間才能成功調適，往往因人而異。

適應性的高低受先天氣質影響頗大。嬰兒時期換環境就睡不好的孩子，到了幼兒期可能每天上學都要和媽媽上演哭哭啼啼、不忍別離的「十八相送」劇碼。然而，適應性低並不代表無法適應，這些孩子需要比別的孩子更長的時間來調適自己，一旦適應之後，他們在各方面的表現不見得比適應性高的孩子差。

再舉個生活例子，因爲外婆來訪而必須把房間讓出來的孩子，有的拿起自己的枕頭棉被，二話不說就往另一個房間移動；有的孩子則找盡理由拖拖拉拉，不到最後一刻不肯接受這必得面對的改變。只要父母不因此責罵孩子，最終孩子還是能夠開開心心的對外婆表示歡迎。

變動是生活的常態，適應是必要的能力。無論先天氣質如何，父母的了解、支持和協助，可以幫助孩子隨著年歲的增長提升適應的能力。以下幾個做法可以提供家長參考：

1. 了解並接納孩子的適應性。「不要這麼固執！」「你爲什麼這麼麻煩？」等說法，只會讓孩子更加緊張、覺得自己很糟糕。而像「我知道要改變對你來說不太容易」、「同時要換新教室、面對新同學和新老師，你一定覺得很緊張」。這樣的話語，可以讓孩子感受到父母的關懷與支持，願意逐漸調整自己。

2. 調節孩子的適應總量。同時面對多項改變，對於適應度低的孩子會造成很大的壓力。比較理想的方式，是避開一些不必要的改變，或者只要在合理範圍內，不會造成嚴重後果，就接受孩子在生活習性或行爲上的小小放鬆。孩子一旦調適成功，許多好的習慣也會漸次恢復。

3. 建立循序漸進的適應程序。把適應的程序分成幾個階段或幾個部分，對於適應度低的孩子有很大的幫助。例如，習慣和爸媽同房的孩子，有了自己的房間之後，父母可以增加具有安撫情緒作用的睡前活動。先陪伴一段時間，等孩子逐漸習慣新房間之後，就容易適應獨睡的狀況了。

4. 做好事前準備與事先預告。許多父母會在孩子上小學前先帶孩子到學校熟悉環境，這樣的做法的確會有幫助。此外，多以正向的口吻和孩子聊聊學校生活，事先提醒孩子可能要面對的改變，也都可以讓孩子在心理上做好準備，避免因爲太突然而引發不能調適的狀況。至於無法預期的改變，更需要儘快向孩子說明。

5. 教導孩子應對的技巧。某些社交技巧例如：碰到喜歡開玩笑的同學可以怎麼回應、如何有禮貌的回答老師的提問等，對於適應新環境有很大的幫助。父母可以透過角色扮演、沙盤演練，來幫助孩子熟悉這些技巧，孩子應對起來就更得心應手。

6. 尋求專業協助。咬指甲、頻尿、口渴、肚子痛等都是孩子緊張時的典型反應，一旦適應了新環境，許多過渡期的行爲自然會消失。如果孩子不適應行爲強度很強或者是頻率過高，如咬指甲咬到皮肉綻開等，代表孩子的適應困難比較嚴重，父母可以尋求老師或其他專業的協助。

適應良好讓我們更能享受新環境、學習新事物；適應不良則會帶來情緒困擾、身心失調，甚至影響學習與人際關係。父母的陪伴與支持，將能幫助孩子成功調適，快樂迎向新階段。

楊老師開講

EQ好，品格差不了

幼兒園的午後，剛睡過覺、精力充沛的孩子們，三三兩兩的在學校幾個活動角落玩了起來。比較晚醒來的孩子循著空氣裡的喧鬧與歡笑聞聲前來，看場子裡一群小朋友或者玩鬼抓人，或者一起搭建積木城堡，每個人都想要加入團體，和大家一起遊戲。

方方大喊一聲：「我也要玩！」興沖沖的往遊戲場裡跑。原來玩得正起勁的幾個孩子露出為難的表情，其中一個說：「那你來當鬼。」方方馬上回答：「我才不要，我要當王！」於是另一個小朋友說：「我們已經不玩了！」就把這群孩子帶離現場，留下方方楞楞的不知道到底發生什麼事。另一個孩子小立想加入積木角的活動，他先露出很感興趣的樣子在一旁觀望，當孩子們正為某個角落的布置傷腦筋時，他笑容滿面的說：「你們要不要試試看這樣做……」接著又等了一會兒，有一個孩子問他：「你會不會蓋動物園？」這時他才說：「我可以一起玩嗎？」最後可以想見，小立順利的加入了這個遊戲團體。

洞察人心是重要能力

交朋友是一輩子的課題，對成長中的兒童和青少年而言，交友順利與否對他們更是至關緊要。人際關係好的孩子有朋友可以分享心事、一起遊玩，不僅比較能夠了解別人，自我價值感也比較強；人際關係差的孩子，分組時找不到同伴、下課時常常落單，不只在人際上有困難，連課業表現與心理健康也會受到影響。

人際關係好不好，關鍵在於孩子的人際ＥＱ如何。無論是敏銳的覺察別人的感受與想法、機智的處理衝突或尷尬的人際情境，或者有禮貌、懂得加入團體的技巧，乃至能夠爭取同儕的支持認同，對別人發揮影響力等，都是人際ＥＱ的重要內涵。其中，最核心的就是「設身處地站在他人立場思考」，也就是「洞察人心」的能力。

當孩子能夠洞察別人的觀點時，通常也比較能夠有效回應他人的需求，並因此帶動融洽的人際互動。研究發現，擁有這種能力的孩子的確比較容易展現同理心、採取同情的行動，面對不同的社交情境時，也比較擅長思考如何有效處理問題，並因為這些理由而獲得同儕的喜愛。社會技巧差的兒童和青少年，如果再加上易怒、具攻擊性等特質，通常比較難想像別人的感受與想法，容易產生欺負別人的行為或造成被排擠孤立的狀態。

個人先天的氣質、個性，甚至對朋友的需求差異等因素，都會影響孩子的社會技巧與人際ＥＱ，但即使洞察能力比較差的孩子，只要父母師長循循善誘，運用某些轉換觀點的活動來訓練孩子，還是可以幫助他們減少不當的社會行為，改善他們的人際關係。心理學家歇爾曼針對孩子「設身處地站在他人立場思考」的能力，將其發展分為以下幾個階段。

設身處地為別人著想

✕

○

1. 三至六歲，自我中心期：孩子要大約到學齡前才能夠了解並辨識自己和別人不同的想法，但因為他們的認知還在自我中心的階段，因此還會有混淆的現象。

2. 四至九歲，主觀期：孩子的人際互動經驗增加，逐漸了解每個人接收到的訊息不一樣，所以會有不一樣的觀點。然而，要站在別人的立場去思考仍然有點困難。

3. 七至十二歲，自省期：只要有適當的引導，這個階段的孩子可以站在他人的立場思考，也可以透過他人的觀點來覺察自己的想法、感受及行為。而且，他們知道別人也是這樣。但受限於系統性的抽象思考能力尚未成熟，要同時考量自己眼中的他人，以及他人眼中的自己，對他們來說仍然有些困難。

4. 十至十五歲，旁觀期：因為認知能力的大躍進，孩子在與他人互動時，逐漸發展出可以跳脫情境、想像第三者如何看待自己及對方的觀點。譬如戀愛中的國中生會知道別人是如何看待他們的關係。

> **天生特質比較負向或成長環境充滿敵意的孩子，比較容易發展出「千錯萬錯都是別人錯」的態度。**

5. 十四歲至成年，成熟期：孩子不僅可以了解第三者的觀點，而且逐漸認知到，除了個人考量之外，每個人的觀點其實都會受到時代背景、社會價值、社會體制等其他許多因素影響。

然而，歐爾曼所描繪的發展歷程是理想的狀況，孩子是否能如此順利成長，還得看父母是否適齡適性的提供孩子需要的引導與規範。例如有些孩子碰到別人的行為讓他不舒服時，會非常固執的認為「對方一定是故意的」，這樣的孩子極有可能「洞察人心」的能力比較低落，對於別人的意圖無法做準確的歸因，長久以往，同學們覺得和他相處麻煩，就會避之唯恐不及，也容易因此被排擠孤立。

一個孩子如果天生特質比較負向，或者是成長過程環境充滿敵意，比較容易發展出「千錯萬錯都是別人的錯」的態度。這樣的孩子在社交上容易碰到很大的困擾，因為覺得別人是故意的，就一定會反擊，引發更多的紛爭。如果在小學三、四年級不適時的加以處理，孩子成長路上的人際關係就會一直出問題。這樣的孩子需要學會延宕衝動，蒐集更多的訊息以做出正確判斷，再決定如何回應，而這正是父母的教養責任。

有了「洞察人心」的認知能力基礎，孩子才能發展出更複雜與高層的同理心。具有同理心的孩子在社交情境裡，能夠敏銳察覺情緒、即時轉換觀點，並且以了解對方情緒的方式來回應，因此能夠做出比較恰當的社會行為，也容易獲得正向的人際肯定。

例如考試過後，班上某同學的成績遠低於預期，擔心回家被媽媽責備而哭了起來。具同理心的孩子能夠了解同學的感受，不只會安慰對方，還可能幫他想辦法：「你是不是擔心回家挨罵？只要告訴媽媽下次你會更努力，她就不會那麼生氣了！」但也有些孩子對別人的感受渾然不覺，還一直催促這位同學借他東西，或拉著他去玩，非得等到對方翻臉才有感覺。我們可以想見，具有同理心的孩子自然容易贏得友誼。

了解他人的情緒，不是只有對別人負向情緒感受的同理，也包括對別人正向情緒感受的回應。例如，看到好朋友收到期待已久的生

同理心帶來恰當的社會行為

×

○

日禮物，能夠同理對方的快樂，以一句「哇！你一定很高興。」表達祝賀恭喜之意，對方聽了更加開心，彼此的友誼也益發深厚。

同理利他是關鍵品格

同理心的發展在生命很早的階段，就已經有人性做為基礎。研究發現剛出生的小嬰兒，即使吃飽了、尿片換了、沒有什麼不舒服，只要聽到別的嬰兒在哭，也會傾向用哭來回應，這樣的行為可說是最早出現的同理反應。小嬰兒和主要照顧他的大人常常會互相模仿對方的表情，並因此和這位大人產生情感上的聯繫，這種情感交流也是同理心和關心他人的重要基礎。

但真正的同理心，要到大約兩歲才會逐漸成長，因為孩子必須先了解自己和他人是不同的，發展出對自我情緒的意識之後，孩子才會開始有同理他人的表現。一直到上小學之前，孩子逐漸能夠體會他人的情緒，也會試著以動作去安慰別人，而隨著語言能力日漸提升，孩子除了肢體表達之外，更會以言語去安慰別人。這些日常點滴的累積，讓孩子的同理能力逐漸提升。

到了學齡階段，隨著生活經驗的增加，孩子對情緒的了解更深更廣，使用的情緒詞彙也越來越豐富。在判斷別人的感受時，能夠將對方的性格特質、情境的線索等因素一併考慮，同理心的層次也越來越高。

而到了小學高年級、青春期之後，孩子「洞察人心」的認知能力更加成熟，他們不僅能夠同理他人當下的情緒如難過、痛苦等，對於處在貧窮、病痛、受壓迫等長久性負向情緒生活的處境，也能產生同理性的了解與感受。

同理心是激發孩子做出利他行為的重要因素，而利他行為是「即使沒有任何獎賞，也能自動自發的做出對他人有利的行為」。然而，有同理心並不代表孩子一定會確實去行動。例如同理他人的苦難與悲傷，有時會帶給孩子情緒上的焦慮與不安。過多和過於強烈的苦難畫面，反而容易讓孩子為了要降低焦慮，而把焦點聚集在自己的情緒上。

心理學小辭典

利他行為

即使沒有任何獎賞，也能自動自發的做出對他人有利的行為。

培養人際聰明的孩子

孩子是具有同理心、能夠同情別人並做出利他行為，還是只關心自己的感受無法體恤別人的難過，天生氣質扮演著很重要的角色。研究發現同理心是屬於中度受到遺傳因子影響的特質之一。

一般而言，天生喜歡人際互動、自我肯定度高、EQ高的孩子，比較會做出幫助、分享以及安慰別人的行為。相對的，EQ差的孩子不常表現出關心、同情他人，以及利他的行為。尤其是具攻擊性的孩子，通常洞察人心的能力較低、對別人敵意較強，當負面感受來的時候，他們傾向衝動行事，凡此種種都會削弱他們同理及同情的能力。

至於害羞的孩子，看到他人悲傷痛苦時容易焦慮不安，因此也可能無法展現對別人的關懷與同情。不過，無論孩子天生氣質如何，後天的家庭教養對於調整孩子人際EQ與品格發展，仍具有相當大的影響力。至於如何做，下面原則提供父母參考：

家庭教養對於調整孩子人際EQ與品格發展，具有相當大的影響。

1. 從幫助孩子了解自己的情緒開始

●**敏銳的察覺孩子的情緒。**面臨情緒困擾的孩子，會以頭痛、沒胃口等身體症狀，突然很沉默或喋喋不休等異於平常的行為，或者透過遊戲與幻想的內容表現出來。只要有充足的時間和孩子相處，父母多半能夠察覺到這些變化。

●**傾聽孩子表達情緒感受。**敘說是了解自己情緒的最佳途徑，父母耐心、專注的傾聽，讓孩子有機會探索並釐清自己的情緒。

●**幫助孩子建立一套情緒語彙辭典。**敏銳察覺孩子的情緒，引導孩子以適切的情緒語彙標示自己所經歷的情緒事件，能幫助孩子將抽象的感受轉化為具象的生活經驗，並體認情緒事件是可以處理的。

●**幫助孩子勾勒自己的情緒特質。**情緒的感受、強度、持續度因人而異，鼓勵孩子敘說、記錄情緒事件，能幫助孩子了解自己的情緒特質，發揮優點、改善缺點。

2. 適時引導孩子了解他人的情緒

● **鼓勵孩子傾聽別人的情緒**。能夠站在別人的立場看待事情的孩子，比較能了解、體諒別人，這是同理心的根本，也是社交技巧的基石。常和孩子討論「你認為這位小朋友會有什麼樣的感覺？」「那個人為什麼會這麼做？」鼓勵孩子適時對朋友說：「你一定很生氣」、「你是不是很難過」，都能幫助孩子發展傾聽他人的能力。

● **引導孩子察言觀色**。在溝通的過程中，非語言的因素佔了七、八成，對於非語言線索較敏銳的孩子，對於人際互動的判斷也比較精準。常問孩子「你有沒有發現阿姨的心情不太好？」「你從哪裡看出那位小朋友已經在生氣了？」等問題，能夠讓孩子更注意別人的情緒表達。

3. 培養孩子妥善處理人際關係的能力

敏銳察覺孩子的情緒

✕

○

● **鼓勵孩子與他人協商合作**。專業分工越細，合作的需求就越高；人際互動越頻繁，與人協商的能力也越重要。父母、師長的示範與引導，會讓孩子有機會在生活中確實練習，發展出這項能力。

● **培養孩子的幽默感**。幽默不僅能夠舒緩不安與痛苦的情緒，還可以化解人際間的緊張與衝突。家裡開闢輕鬆說笑的時間，有助於提升孩子的幽默，讓孩子成為團體中的開心果。

● **提升孩子的社交技巧**。鼓勵孩子主動幫助別人，例如「要不要我幫你……？」或對別人做出正向的回應，例如「你的想法很有趣喔！」對於提升孩子的人際關係都非常有幫助。

父母以身作則才是關鍵

「身教重於言教」，家庭教養是影響同理心、同情力和利他行為發展的重要因素，父母的以身作則更是成功教養的金科玉律。研究發現，易怒、嚴苛的父母會阻礙同理心及同情力在生命早期的發展。情緒不被了解、接納的孩子，也不會對其他小朋友的難過表現

身教重於言教

任何關心，反而會以害怕、生氣，甚至肢體攻擊等來回應。

當父母能夠溫暖的鼓勵孩子表達情緒，並且對孩子的感受展現敏感、同理的關心時，孩子自然也就學會了關心處在痛苦中的他人。除此之外，父母應教導孩子與人為善的重要性，甚至主動提供孩子對他人表現同理同情的機會，例如帶著孩子參與公益、慈善或社區服務等活動。

家庭是孩子的第一所EQ學校，父母是孩子最理想的EQ教練，只要父母從自身做起，落實高EQ的教養原則，就有機會教出能夠洞察人心、對別人既能同理又會同情，願意利他、品格高尚的孩子。

16 故意的，還是不小心？

在一次會議的場合裡，幾位國小老師提到，有些孩子在和別人有摩擦、碰撞，或發生糾紛時，總是一口咬定「對方是故意的」，即使對方道歉賠罪也不肯輕易放過。因爲如此，許多小朋友乾脆選擇離他遠一點、不和他來往，以避免在互動之間，一個不小心就會引發不愉快的結果。久而久之，孩子的人際關係出了問題，不只在班上幾乎沒有朋友，而且每次分組都得面對找不到同伴的尷尬情境，最後落得鬱鬱寡歡，還認爲一切都是別人造成的。

像這樣的人際關係困擾，或許可以從社會心理學領域對「人際歸因」的看法，得到一些靈感與啓發，找出解決的方法。社會心理學家海德（Fritz Heider）認爲，當一個事件發生時，人們很自然的會對自己及別人的行爲進行分析，並推斷引發此行爲的原因，這個推

心理學小辭典 **歸因**

當一個事件發生時，人們很自然的會對自己及別人的行為進行分析，並推斷引發此行為的原因，這個推斷的過程就叫做歸因。

斷的過程就叫做歸因。歸因歷程決定了我們對行爲與所處環境的解釋及預測，並影響我們後續的反應方式。

海德從內在與外在兩個類別，來說明歸因歷程。人們可能將別人的行爲歸因爲外在的情境因素，如環境壓力、空間配置等，也可能歸因爲內在的特質因素，如這個人的個性或意圖等。舉個例子來說，孩子被別人撞倒時，如果他把對方的行爲歸因爲不小心，或這個人是「因爲別人推他，他才接著撞倒我」，那麼孩子就比較能體諒對方的行爲。如果孩子認爲這個人是故意的，或者這個人很粗魯等，那麼即使疼痛的程度一樣，孩子憤怒的情緒會比較強烈，並且可能會以負向的態度回應對方，甚至反擊回去。

歸因理論還發現，人們的歸因過程往往不如自己以爲的那麼理性，有一些常見的歸因偏誤深深烙印在人們的反射性思考中，例如對自己做錯的事傾向於外在歸因，當別人犯錯時我們卻容易做內在歸因。像「我當然是不小心的，別人肯定是故意的」這樣的歸因普遍存在人際關係中，在抽象思考能力還不成熟的兒童與青少年身上尤其明顯。

「千錯萬錯，都是別人的錯」固然是人性的必然，但若在成長過程中未能逐漸成熟，發展出相對理性客觀的歸因習慣，就可能成爲人際交往的致命傷。相反的，過度「以德報怨」也會帶來人際困擾，許多大人都會在孩子抱怨別人讓他不舒服時，急著對孩子說：「他又不是故意的」、「你一定先對他……他才會……」等。事實上，不小心與故意並存在人際關係裡，一味的要孩子接受「對方不是故意的」，可能導致兩種不盡理想的結果，一是孩子的情緒得不到抒解，反而更加怨恨對方；二是孩子認同了大人的歸因，相信別人的不當行爲都是不小心的，結果招致更多的惡意欺負。

學會準確的人際歸因

執著於「別人都是故意的」等負向歸因的孩子容易被排擠孤立；老是做「別人一定是不小心的」等正向歸因的孩子則容易被嘲弄欺負。對於別人的社交意圖做準確的歸因，才能夠在寬容他人無心之過的同時，也對別人的惡意有所防範，學會適當保護自己。

「有分別智，無分別心」是佛陀對弟子的教誨之一，也對「什麼樣的行爲是高人際EQ的表現」下了最好的註腳。另一位心理學家凱利（Harold H. Kelley）針對歸因理論做了補充，他認爲，只要根據以下三個原則來思考，就可以提升人際歸因的準確性：

1. **特殊性（distinctiveness）**：這個行爲在一般情境下經常發生，還是只在特殊情境下發生。
2. **一致性（consistency）**：這個人是否在類似情境下都會出現這樣的行爲。
3. **共同性（consensus）**：在這種情境下大家是不是都會這麼做。

簡單的說，越是懂得蒐集客觀訊息的人，越能夠讓自己跳脫一時的負向情緒，做出準確的人際歸因，並以此調整後續的行爲，做出最佳的反應。

幾天前在捷運站裡看到一位年約三歲的小小朋友，走著走著突然跌了一跤，也許是摔疼了，乃不肯起身就地嚎啕大哭，只見年輕的媽媽當下用力跺腳，並一邊說著「地板壞壞，媽媽打它」，孩子聞言就笑開的站了起來。這樣的場景並不陌生，卻在無形中做了不良示範。「以身作則」是教養高EQ小孩的最高原則，希望能與天下父母相互期許，爲孩子重新學習準確的人際歸因。

幫助孩子準確歸因的原則

1. **接納孩子的負向情緒**。受到他人的行為干擾而覺得不舒服是人之常情，接納、聆聽孩子的感受，會讓孩子更具同理心，也更願意原諒別人的無心之過。

2. **鼓勵孩子延遲歸因**。當孩子的情緒比較緩和之後，父母可以進一步鼓勵孩子蒐集相關的資料，以提升人際歸因的準確性，並養成不驟下判斷的習慣。

3. **引導孩子解決問題**。當孩子做出相對客觀的人際歸因之後，就可以引導孩子思考如何應對這樣的狀況，並鼓勵孩子原諒他人的無心之過，避開惡意的欺負。

17 同理心要怎麼教？

那是個週末午後，百貨公司孩子最多的那個樓層多了個大型人偶，裡頭則藏有眞人操控動作與行走，討喜的造型與逗趣的動作吸引了許多孩子的注目。正在一旁等候女兒的我，忍不住進行起幼兒行爲的觀察活動。只見有些孩子毫不遲疑的趨向前去，很快就和人偶玩了起來；也有孩子對巨型人偶望而生畏，緊握著大人的手匆匆走過。

除了孩子性格差異令人感到饒富趣味之外，一旁大人的反應也非常有意思。一位年約三歲的小男孩對著人偶扮鬼臉、做動作，只要人偶回應一樣的動作，就開心的咯咯大笑。儘管媽媽又拉又扯、急著趕赴下一個目的地，而孩子就是想要繼續這場遊戲。最後，媽媽一邊罵一邊將孩子強行拉開，孩子則心不甘情不願，一路忍不住望著人偶回首顧盼。當然，嘴角泛起笑容，等候一個段落再把孩子帶開的大人有之；索性和孩子一起融入，和人偶玩了起來的大人也不在少數。

這形形色色的親子互動中，讓我印象最深刻的是一對父女。剪了娃娃頭的小女孩大約只有兩歲多，在稍遠的地方站了好一陣子，幾度趨前卻又在途中折返，好奇的眼神夾雜著些許的害怕。只見那年輕的父親，彎下腰來溫柔的牽起孩子的小手，慢慢走到人偶前面，並且自己先拍拍人偶、和人偶握手。有了父親的引導與示範，小女孩終於怯生生的伸出雙手和人偶互動，人偶逗得小女孩開懷笑了起來，眼中的害怕也隨之消失。

用同理心對待孩子

心理學家認爲，高EQ也就是情緒成熟，其能力成分包括：能夠覺察自己的情緒狀態、具有感受他人情緒的同理心，以及在產生不愉快的情緒感受時，懂得運用方法抒解該情緒的強度與持久度以調適情緒等。

某些情緒能力雖然需要高度的認知及社會能力的基礎才能發展出來，但在幼兒身上已經可以略見雛形，而這些能力是否可以健全發展、日漸成熟，則受周遭大人對其情緒的回應方式影響甚深。

相關的研究發現，因不舒服而哭泣的嬰兒，如果能夠得到大人的即時回應，並獲得舒緩情緒的安撫，將對自己產生一種信賴，知道自己有能力影響周遭，從而改善自己的生活。對於幼兒階段的孩子，如果大人經常能夠敏銳覺察他們的情緒感受並對此報以溫柔的撫慰，孩子的哭泣自然會逐漸減少，並且能夠以多元的方式如：牙牙兒語、身體姿勢、面部表情等，和他人進行溝通。因此，雖然父母不見得需要在孩子才開始啜泣就飛奔而至，但能夠以同理心爲基礎，在一旁給予積極的回應，絕對有助於孩子的ＥＱ發展。我在百貨公司所見到的這位年輕父親，無疑的爲這個論點做了最佳的展示。

覺察與了解別人感受的能力就是所謂的同理心，具有同理心的人

心理學小辭典

同理心

覺察與了解別人感受的能力就是所謂的同理心，是高 EQ 的重要表徵之一。

比較能夠體貼別人、幫助別人、樂於和別人分享，並因而擁有較佳的社交技巧與人際關係，是高ＥＱ的重要表徵之一。

爲人父母者無不希望教出體貼的孩子，而孩子們則普遍渴望父母的了解；青少年追求能夠相知相惜的朋友，成年男女更期望碰到善體人意的終身伴侶。可見得同理心是所有良好人際關係最重要的基石，具有同理心也就握有通往愛與被愛的金鑰。而孩子能否擁有這把金鑰，端看父母在面對孩子的情緒時，付出多少關懷與回應。

同理心可以是拍拍孩子的肩膀、摸摸他的頭、靜靜聽他說，也可以是一張卡片，或以其他事物表達了解、安慰之意。當孩子口語能力日漸成熟之後，則可以用「你感到……」、「你的意思是……」、「因爲……，所以你覺得……」等口語溝通的方式，或者以一張便條、一封電子郵件來表現。

在百貨公司事件之後不久，一天夜裡我在社區的街道上又見到了另一幕表現同理心的動人行爲。陪女兒去配新眼鏡而在路旁車內等候的我，突然聽到一聲巨響，隨即看到一位正在收工的工人從某棟公寓的樓梯滑落下來。還沒來得及反應，就看到他的工作夥伴陸續下樓來探看。看起來身體受的傷似乎不甚嚴重，但也許是心理挫敗使然，不管夥伴們如何勸慰，這位仁兄一逕的抱著頭坐在地上，久久不願起身。只見他的夥伴們一個個蹲了下來，最後索性陪他坐在地上，一直到二、三十分鐘後，他才讓夥伴們攙扶著站起來，坐上小貨車離去。其他幾位夥伴跟著拍拍屁股，騎上摩托車各奔東西。

當孩子擔心害怕時，彎下腰溫柔的牽起孩子的手；當親友洩氣沮喪時，蹲下來體會他的高度，陪伴他度過最難受的時光。在仲夏的炙熱裡，這兩個動人的畫面帶給我滿滿的清涼。

18 孩子老踩別人地雷，怎麼辦？

三月春暖花開，萬紫千紅的景致讓人看了忍不住滿心雀躍。不料一日晚間接到朋友從電話那頭傳來沮喪的聲音，原來是爲了先生不當的怒責兒子。她既擔心先生的情緒狀態，又心疼兒子的萬般委屈，夾在兩造中間不知如何是好。

對步入新學期不久的孩子來說，假期的輕鬆氛圍還在、段考的壓迫氣息未來，每天的心情隨著春天漂浮，日子過得可眞愉快。相對的，大人的日子似乎就沒能那麼輕鬆，先生一開春就要面對景氣不斷下探的壓力，眉頭總是舒展不開。

這天晚上，當先生拖著一身疲憊走進家門時，興高采烈的兒子一個箭步衝向前去，就拉著要爸爸陪他玩遊戲，沒想到爸爸突然暴跳如雷，衝著兒子說：「一天到晚只知道玩玩玩，以後怎麼會有出息！」兒子當下楞在那兒，不知道自己錯在哪裡，雖然不敢放聲大哭，卻已經止不住兩行淚水。

朋友馬上接口說：「爸爸今天看起來很累，你先進房間自己玩喔！」一方面安頓先生的心情，以比較恰當的方式幫先生表達情緒，另一方面也讓兒子知道爸爸的情緒來自他的身體與心理狀態，幫孩子舒緩情緒的衝擊。

雖然她的臨場反應已經非常難得，也把這件看似嚴重的事情化解掉了，但事後想起，她心裡還是難過。總希望個性內斂的先生，不要一味壓抑情緒，在忍不住時又爆發出來；也希望粗枝大葉的兒子能學會察言觀色，不要老是踩到別人的地雷。

的確，生活不會總是順遂，家庭不會始終美好，許多父母必須不時面對工作壓力，在一天的忙碌之後背負著疲累回到家中。如果父母不擅於表達情緒，縱使燈光再柔、佳餚再美，任何一點突發的小事件都可能成爲家庭衝突的引爆點。因此，如何增強家庭成員對自己及家人情緒的敏感度，學習解讀家人的表情、尊重家人的感受，便成了營造和諧的家庭氣氛必備的能力。

小活動創造美好時光

大大的讚賞了朋友在先生與兒子之間協助翻譯情緒的功力之後，我也提供了一些簡單易懂的操作活動，希望幫助他們藉由一起探討、學習的歷程，提升了解他人情緒的能力，共同創造美好的家庭時光。

首先，找個輕鬆的時刻，讓家庭成員一起腦力激盪，將生活中經常出現的情緒類別，例如高興、生氣、難過、厭煩、擔憂、驚訝等一一寫下，以空白的名片紙製作成情緒卡片（以文字書寫，再貼上從舊雜誌剪下來相對應的情緒臉孔照片）。接著讓所有成員圍成圓圈坐下，將所有情緒卡片放在一起，重新洗牌，並疊成一疊置於中央。成員輪流抽取情緒卡片，並依照卡片上的情緒類別，以比手畫腳的方式（不能講話，只能用臉部表情、肢體語言，或故事情境的方式）來呈現，讓其他成員來猜測要表達的情緒是什麼。

準備一張計分卡將每位成員的得分記錄下來，先猜對的成員獲得一分，遊戲結束後可頒發給得分最高者「善體人意」獎。更重要的是，頒完獎後全家人可以針對遊戲的內容進行問題討論和心得分享，例如「平常可以從哪些線索來察覺或判斷別人的情緒感受？家裡的每一位成員是否有特別的情緒表現方式？在日常生活中碰到哪些事情會有什麼樣的情緒？有情緒時，會希望家裡其他成員以何種方式來對待自己？」等。這樣的互動經驗，可以幫助大家學會運用適當的方式表達自己的情緒感受，也讓家人間的溝通更加自在順暢。

心理諮商與治療的理論一向認爲，情緒的自覺與表達是改變與改善人生的主要方法，這個遊戲可以強化家庭成員對於情緒的察覺與表達，並且透過互相的激盪擴大成員對於情緒類別的認識，使得情緒更爲分化與成熟。此外，察覺別人的肢體語言與情緒感受是EQ的成分之一，也是解決人際困擾的重要社交技巧之一。透過簡單的遊戲，可以增強家庭成員對彼此情緒的敏感度，有效提升互動的品

察覺別人的肢體語言與情緒感受是高EQ的表現，
也是解決人際困擾的重要社交技巧之一。

質，減少不必要的衝突。

下回，當家裡有人身體疲憊、情緒滿滿時，千萬別忘了運用從這項活動所得到的體驗，試著以體貼的方式去接納或表達情緒，相信不論晴天、陰天、工作天、放假天，都可以跨越情緒的障礙，享受和家人共處的美好時光！

19 如何引導孩子以多元角度看事情？

暑假期間返回南台灣探望父母，吃過晚餐後，依照往例一家大小陪著兩老閒話家常。聊著聊著，只見即將升上高一的小女兒抓起一張廢紙，信手描繪起桌上的瓶花來。

一旁的外公邊看邊讚：「這孩子手眞巧，不只畫得細膩逼眞，好像連花朵的香氣都畫出來了。」這句話倒讓我想起，十幾年前的一段往事。

同樣是返鄉探親的夏日時光，同樣是入夜餐後的茶敘情景，記得娘家父親第一次看到三歲的小女兒以左手塗鴉時，非常急切嚴肅的告訴我：「左撇子很不好，你一定要好好盯著，幫她改正過來。」我費了一番唇舌向父親說明，慣用左手的生理機制並非不正常，尤其小女兒左右兩手落差大，硬要調整爲慣用右手恐怕不容易。父親雖然不再堅持，卻還是忍不住說了一句：「你一定是沒有認眞的去盯，她才會改不了。」

其實，就在不到半個世紀之前、在我成長的年代裡，慣用左手的孩子爲了這個天生傾向吃盡苦頭的場面，仍經常可見。當時的知識尙無法解釋慣用左手背後的生理機制，與衆不同的習性除了在某些場合造成不變之外，更被認爲是「怪胎、變態」。也因此，爲人父母者難免憂心，強制糾正的結果卻在孩子心裡烙下深刻的痛苦痕跡。

相對的，這一代的父母看到慣用左手的孩子不但不緊張，甚至能夠泰然自若的接受。唯一的差別只在於他們接受了科學新知，了解慣用左手並不代表孩子的發展不正常，當然也不會影響未來的成就表現。

因爲想法上的改變，使得我們對同一件事情的感受、態度有了差異，是生活中常見的現象。對於處在煩惱中的朋友或孩子，我們總習慣勸對方「換個角度想」，可見這個道理多通俗平常。

心理分析大師佛洛伊德曾說：「一個成熟的人，應該能夠創造性的去工作與愛。」人本學派的著名學者羅哲斯（Carl Ransom）也提出，一個成熟的人，應該能夠對不同的經驗採取開放的態度，接納事物的多元，對自己和對別人都有足夠的彈性與尊重。希望孩子EQ好，從培養孩子「換個角度想」的能力開始，也就距離目標不遠了。

然而，道理簡單不代表做來容易，只告訴孩子「不要這麼想」，並不能讓孩子馬上產生想法上的改變，與情緒上的轉換。下列幾個教養方向，或許可供參考：

1. 擴展孩子的視野與胸襟。不管是透過傳播媒體、書籍課程，或者是親自接觸與體驗，讓孩子有機會了解不同國家、族群、團體的文化差異，以及這些差異形成的過程與原因。例如：規劃家庭休閒活動時，不妨多安排探訪不同文化的旅行，並且和孩子一起蒐集相關的知識與資訊。如此不僅能幫助孩子擴展視野，也能讓孩子對不同的經驗抱持開放的胸襟。

2. 提升孩子對他人的了解與接納。在許多親子對談的場合裡，尤其當孩子提到個別差異，如「比較喜歡A老師，比較不喜歡B老師……」、「某甲很大方、某乙很小氣……」，或者是對個別差異感到好奇，如「爲什麼這個人會這樣？那個人會那樣？」時，都可以主動告知，或者和孩子一起去探討，不同年齡、性別、成長經驗等可能造成的個別差異。

3. 引導孩子以多元的角度看事情。當孩子與他人有衝突時，也是引導孩子發展多元觀點的最佳時機。先傾聽、同理孩子的感受，讓孩子的情緒得到抒解。之後，再引導孩子想想看「對方有沒有可能是這樣，或者那樣……？」「你認爲對方爲什麼要這麼做？」「對方的想法和立場是什麼？」走過這個歷程的孩子，自然而然的會養成從不同角度看待事情的習慣。

4. 鼓勵孩子對他人的尊重與欣賞。面對家中的不一致，例如夫妻之間，或者兩代之間的管教規範不同、生活作息差異等，爲人父母者能夠對他人表達尊重與欣賞，孩子也自然會以父母爲模範。孩子一生會碰到許多不同的長輩、老師與朋友，當孩子表達對他人尊重與欣賞時，要多肯定鼓勵他。

最後，也希望為人父母者能夠要求孩子兼顧「我們」與「我」的利益。因為有公德心、公益感，能關懷他人的孩子，多半也比較具有同理心。而服務的經驗更能豐富孩子的生命經驗，幫助孩子淬煉「換個角度想」的能力，成為成熟圓融的EQ高手。

20 孩子容易衝動，該怎麼處理？

最近去一所國中演講，會後有一位家長問道：「孩子平常和家人相處還算乖巧，在學校卻很容易因爲同學間的紛爭動手打人。每次闖禍之後總是很後悔，也願意向對方認錯道歉。看起來明明懂道理也願意改過，可是一到學校又會重蹈覆轍，眞不知道接下來該怎麼教了！」

像這樣「明知不對，就是控制不了」的問題不只困擾著孩子，也有不少大人爲「常常無法控制的以不當方式斥責孩子」、「耐心不夠以至於老毛病常發作」，感嘆EQ知易行難，每次講座總有人提出「能否提供幾個原則或步驟，幫助大人小孩不再犯錯」的請求。

多數人都以爲，所謂的高EQ就是整天開心、從不發怒，一旦又發了脾氣，就以爲自己沒有進步。

事實上，只要了解EQ並非全有或全無，而是由幾個不同層次的情緒處理功夫漸次累積而成，就不會這麼挫折沮喪。以處理因人際紛爭而產生的憤怒爲例，我們可以把EQ的功力分成幾個段位：

1. 零段：情緒表達方式不當而且不覺有錯，例如動手打了人還一點悔意也沒有。這樣的人需要重新建立道德觀念與行爲規範，並學習勇於認錯、彌補過失。

2. 初段：知道自己的情緒表達方式不當，但當下無法控制。這個段位的人道理都懂也願意認錯，問題出於無法及時察覺身體緊繃的狀態，以及行動與話語的不當。在衝動的狀況下，無法及時修正或停止不當的言行。

這個階段需要的EQ修練，是加強自我覺察與衝動控制的能力，以及學習恰當的反應方式。

3. 中段：知道自己的情緒表達方式不當，可以自我控制不衝動行事，但內心仍然憤怒不已。雖然從心理學的觀點來說，情緒的產生非常自然，恐懼、憤怒等負向情緒感受也有存在的價值與意義，但

EQ是由幾個不同層次的情緒處理功夫，
漸次累積而成的。

經常處在負向情緒的狀態，不僅非常消耗能量而且容易帶來不好的心情。

面對人際紛爭，如果能夠及時轉念，以更寬廣的角度來看待對方的行爲，譬如從認定對方故意無禮，到告訴自己：「也許對方沒注意到……」、「這是小事」等，當下的情緒將獲得舒緩，後續的溝通互動也會更加順暢無礙。

4. 高段：可以自我控制不衝動行事，也能夠當下轉換思考，保持平和的情緒。達到這個階段的人，已經是修養極好的EQ高手，只要能夠在日常生活中繼續精進，不只自己快樂，更能成爲他人的EQ典範。

不同段位的人需要不同的EQ修鍊方向，文中的這位國中生EQ功力處於初段的狀況，主要問題是無法控制衝動。他需要的不是道德勸說與教誨，而要把重點放在提升自我覺察、及時控制衝動上。因一時衝動而事後懊惱不已，是許多人成長過程中難以避免的經驗，但爲了幾分鐘的情緒失控換來一輩子的悔恨與遺憾，就令人不勝欷噓了。

衝動控制是情緒管理最基本也最重要的方法，有一些實用的技巧可以幫助孩子養成「行動前先思考」的習慣。

學過並實際練習過上述步驟的孩子，將逐漸養成自我安靜、控制衝動的能力，可以在很短的時間內達到身心放鬆、情緒舒緩的狀態，除了可以有效降低攻擊衝動之外，孩子也會因爲有能力自我控制而提升自尊。對於知道自己錯並且願意改過的孩子，這樣的教導成效更佳。

EQ的養成是一個逐步漸進的歷程，雖然「頓悟」能幫助一個人獲得大幅度的成長，甚至達到「放下屠刀，立地成佛」的境界，但只要能做到「錯得更少、更小、修正得更快」，就已經值得肯定與鼓勵了。尤其，容易犯錯的孩子相對的也比較容易得到負向的回饋，更需要肯定與鼓勵。尊重孩子的步伐、看到孩子的進展、肯定孩子的努力，讓每個孩子都有機會在通往高EQ的道路上，愉快向前行進。

控制衝動的小技巧

1. **確認**。引導孩子找出情緒衝動前的情境因素，回想自己在什麼時候、對什麼樣的人，或者在什麼狀況下，會過度緊張、興奮，以致於難以克制情緒，容易衝動行事。
2. **表達**。鼓勵孩子以恰當的語彙描述情緒快要爆發之前的身體狀況或心理感受，例如心煩意亂、身體緊繃、腦中一片空白、一股怒火升上來等。
3. **放鬆**。幫助孩子學習在覺察自己情緒快要爆發時，以實際的行動來延長衝動和行動之間的時間，例如暫時離開現場、深呼吸、從一數到十，或以冥想、想像一個輕鬆畫面等引導自己放鬆。

21 經常一氣之下打罵孩子，如何避免？

這確實是很多父母頭痛的問題，以下是我的建議：

先進行自我覺察，回顧自己在什麼狀況下最容易盛怒。這個父母自己要清楚，不要每次失控之後才自責。回想看看什麼狀況下，你比較不會打罵小孩？甚至星期幾比較會，幾點鐘比較會，配偶或者公婆在旁邊時比較會。

試著去做一點紀錄，發現有可能讓你憤怒失控的因素有哪些，這個很重要。因爲如果有紀錄，下次你的敏銳度就會比較高，容易覺察自己快要控制不住。有了這個發現之後，再試著暫停、抽離現場。可以告訴孩子：「我現在很生氣，不想跟你談，等我不氣了再來跟你討論這件事情，處理這個問題。」接著以放鬆跟深呼吸，幫助自己緩和情緒。

平常就要多練習恰當表達情緒的方式，不要等到憤怒了才來想該怎麼辦。

此外，父母更可以積極學習用比較恰當的方式，表達自己的情緒。不要等到憤怒了才想怎麼辦，平常就要多練習。還有牢牢記住，不管多麼生氣，有一些話絕對不能講：「你再這樣我不愛你了」、「你一輩子沒有用」等。你再生氣都不能用言語嚴重的傷害、污衊孩子，或者剝奪你對孩子的愛，這些是親子對話的禁忌，容易造成難以修復的裂痕。

最後，跟家人事先協調好，不管是配偶或是家裡其他長輩，甚至家裡年齡大一點的孩子都可以。當你已經發飆了，他們可以去補位，居中做協調，或者把管教的責任暫時交給配偶，可以避免當下失控造成傷害。

22 經常明知故犯，怎麼辦？

雖然知道應該要如何面對孩子的情緒，但自己常常做不到，覺得很挫折。該怎麼辦呢？

事實上，這也是父母們常見的煩惱。下面幾個方向我想可以有一些幫助：第一個是體認自我成長其實可以分為四大階段，處於第一個階段的父母，用不當的方式對待孩子，譬如講一些很難聽的話，卻不認爲自己是錯的。這樣的父母常說：「我小時候也是這樣被罵被打，還不是好好的？」第二階段的父母知道自己的管教方式不當，但不知道該怎麼做才好。這個階段的父母可能會東問西問，人家怎麼做他就試試看，但因爲沒有一套完整的教養理念和技巧，很容易感到疑惑困擾。會提這個問題的父母，大多已經進步到第三階段了。他們已經找到比較好也比較系統化的教養方法，知道怎麼做

看到自己的進步，不僅對自己能寬容，
對待孩子也會比較有耐心，
不會要求孩子知道就要馬上做到。

才對，但因爲不習慣，所以時對時錯、時好時壞。

人是習慣性的動物，不是知道就做得到，很多行爲其實是習慣的養成。我常用排行榜來做比喻，你越常點歌，這首歌的排名是不是越前面？人的行爲也是一樣，你從以前就這樣教孩子，這像是你每次都點同一首歌，所以這個老方法的排名就越前面。新的習慣，你還不太做得來，眞正實行的機會還不多，就好像一條新歌剛出來沒人點，排行榜一定在後面。而人在壓力大、情緒激動的時候，通常先表現出來的一定是習慣排行榜前面的行爲。在第四階段，父母知道怎麼做才對，但是還不習慣，可能偶爾做對一次，很多次還是不對，他就會自責、感到挫折。但只要心情輕鬆、情緒不強烈，或者預先做了準備，做對的次數就會逐漸增加；點歌的次數多了，就能超越不當的習慣。這個階段的父母習慣成自然，不用多想說出來的都對，做出來的就合適。不只互動技巧進步了，而且會內化爲以眞正人本的態度來對待孩子。

人所有行爲的改變都需要經過這四個階段，有了這個了解之後，父母會比較容易接受，知易行難本來就是生命的常態。新歌一出來怎麼可能就是排行榜的第一名？更重要的是，不要對自己說：「我怎麼又犯了，我沒希望了！」要對自己說：「我發脾氣的時間好像比上次短一點了。」你要看到自己的進步，不要一直看到自己沒有做到的地方。了解這點，不僅對自己能寬容，對待孩子也會比較有耐心，不會要求孩子一步到位，知道就要馬上能做到。

再來想想，你最容易做不到的是什麼狀況？對於這些狀況進行事前推敲。你可以寫下來，比較好的回應是什麼？譬如你以前會忍不住破口大罵，那現在可以怎麼講、怎麼做？接著可以找配偶或好朋友演練，只要演練過，你下次做到的可能性就會提高。我也碰過有個家長很有趣，他直接做創意海報或警告標示，貼在牆上提醒自己。譬如他常常在那裡罵小孩，就貼在那個房間的牆上。

當你做到的時候，要給自己鼓勵跟肯定，透過這些方法你一定會慢慢進步。

23 如何引導悲觀的小孩？

有些孩子的情緒本質是比較負向的，感覺好像比較悲觀，其實他們生活裡面還是有很開心的時候。

一般父母在孩子講話負向的時候，就想要糾正他；正向表現的時候，大人沒困擾就會忽略。結果，反而在無形中強化了孩子悲觀的想法。這種孩子更需要你去肯定他正向的情緒，他很快樂的時候，你不要一副揭瘡疤的說：「你看，今天不是很開心嗎？」而是以：「哇，你今天看起來好開心喔！」「你自己把城堡蓋好了，一定很高興！」回應跟鼓勵孩子的反應，強化他「其實很快樂」的感受跟記憶。

另外要多觀察孩子的日常表現來判斷他真正的情緒。如果孩子真的有困擾，要認真的傾聽孩子的情緒，引導他去思考，並協助孩子解決問題。但這樣的孩子很多時候只是習慣性的口語表達，並不真的覺得問題那麼嚴重。如果是這樣，不要試圖壓抑或者否定。很多父母會說：「拜託，有那麼嚴重嗎？你太誇張了吧！」這樣反而會引起反彈，讓孩子更堅持自己的情緒。我們可以輕描淡寫的回應，用中性、不太強烈的詞語來回應他的感受。譬如當他說：「我就是沒辦法」，你可以回應：「喔，你覺得有困難。」孩子說：「我完蛋了。」你可以說：「你好像很擔心結果會不好喔！」這比你告訴他不要這樣、那樣要好很多。慢慢的，他就會察覺到：「我的『完蛋了』，其實是在擔心後果。」對孩子的情緒表達一定要回應，但是你可以淡化處理。

情緒本質比較負向的孩子，天生對生活裡讓他不舒服、不愉快的事件感受比較深，所以你要在孩子的生活裡多創造一些很深刻快樂的記憶。例如孩子小的時候，多進行親子共遊或共讀；青少年的時候，陪他去聽演唱會、討論流行歌曲等。孩子「和家人在一起眞的好快樂」的經驗多一點，情緒上就可以比較平衡。

24 孩子情緒反應很強烈，怎麼處理？

首先父母要想清楚，孩子這樣的表現到底構成什麼問題。有的孩子沒有很強烈的情緒困擾，只是天生特質如此，哭一哭就沒事了。孩子自身沒有因爲這個特質引發困擾，譬如說他雖然會飆淚，可是他很有創意、人緣很好，沒有社交上的問題，就不必太擔心或去糾正。

但是每一個父母對聲音的忍受度不同，有的父母看孩子那個表情，聽那個傳腦魔音就覺得受不了；有的則會因爲孩子的行爲，覺得很沒面子。如果是這樣，父母需要處理的是自己。

先試著深呼吸、放鬆。你可以告訴孩子：「我知道你現在很生氣，沒辦法忍住不哭，但是聲音這麼大，媽媽聽了頭會痛。」讓他知道不是他不好，只是這對你來說是不舒服的。然後給孩子一個安全的空間去消化情緒，你可以跟他說：「你在這邊哭一哭，媽媽先去隔壁房間，等你好一點了再來找我。」但是要讓他有安全感，不是嚇唬他：「再哭，就把你丟在這裡！」短暫的抽離現場，沒聽到、沒看到其實就不會被惹惱。這是大人處理自己情緒的部分。

假設孩子的行爲在公共場合已經構成別人的困擾，或是造成人際關係的障礙，這時父母就一定需要適度的介入。當下先回應孩子的感受，告訴他：「我知道你很生氣。」同時最好摸摸他的肩膀，或順著背部按摩，幫助他放鬆身體。如果他還持續，告訴他：「如果你忍不住要哭，我們到那邊去哭，不然會吵到別人。」等孩子沒事之後，你可以問他：「我很好奇，爲什麼那一天你要哭得這麼大聲？」幫助他回到當時的情境，引導他去想想後果，看看那後果是不是他想要的，例如「別的小朋友有沒有因爲這樣更願意跟你玩？還是不想跟你玩？」

如果孩子說：「我也不想這樣，可是我沒辦法。」這表示他有意願改善。當孩子有意願改善的時候，跟他一起討論，沙盤演練：

父母要把握孩子有意願改善情緒表達的方式時，跟他一起討論，陪他進行沙盤演練。

「下次遇到這種狀況，我們可以……」當遇到同樣情況的時候，可以提醒他：「記得我們上次說的嗎？我們試試看。」如果他有進步就要給予肯定。還有一種情形，孩子雖然情緒表達很強烈，和別人有爭執時會哭得好大聲，可是自己錯了還是會去跟對方道歉，邊哭邊說：「對不起啦，害你跌倒。」行動證明他的理性其實還在，只是多愁善感、反應強烈，那父母就不要太在意他的表現方式。

我認識一個非常傑出的女校長，處理事情很俐落，可是每次開會講到辦學的艱難、不捨學生等等就掉眼淚。她邊掉眼淚，哭得唏哩嘩啦，還是有辦法把事情處理得很圓滿。她並非不理性，只是天生多情，反而讓家長更感受到她對教育的熱忱。所以只要沒有困擾或嚴重後果，尊重孩子的特質就好。

25 人緣差，如何改善？

孩子人際關係不太好，經常抱怨同學不和善、老師不公平，該如何改善這種情況呢？

孩子在人際相處上，經常有許多抱怨、看到的都是負面的情況，確實會影響他的人際關係。對於這樣的孩子，在平常的對談當中，要先幫助孩子了解人的行爲該要有的合理底線，不管是他自己、同學、老師或父母都一樣。當孩子抱怨別人時，如果對方的行爲做法確實超過了人該要有的行爲界限，你可以大方的肯定孩子「明是非、有道德」的獨立思考能力。

譬如孩子堅持不作弊，但經常抱怨班上同學因爲作弊，所以成績很好，此時孩子的憤怒是合理的，是別人的行爲超過了道德界限。當孩子做了像這樣明智正確的判斷時，父母除了抒解他的情緒，也要表達對孩子的肯定和支持。

如果對方的行爲是在合理的範圍內，譬如老師今天比較兇、同學放學不理他，只要沒有造成傷害，要讓孩子知道那是別人的權益。我們要去傾聽孩子，讓他說說他的感受和想法，因爲孩子的不舒服的確存在。等孩子情緒比較緩和、心情比較舒坦之後，可以問他：「你會不會覺得很奇怪，你們老師平常脾氣都很好，爲什麼今天會比較兇呢？」「你那位同學平常對人很和善，怎麼會突然這樣？你認爲可能發生了什麼事呢？」引導孩子觀察、蒐集線索，合理推論別人的行爲。

你一定要先處理孩子的情緒，再引導他站在對方的角度去感受和思考。幫助孩子自己推敲對方爲何會這麼說、這麼做，去找出可能的原因，這些都有助於孩子對人性深入了解。

接著，問問孩子解決的辦法。有的孩子會說：「那我寫封信給老師好了。」或是「我可不可以去跟老師談談？」有的則是「算了，我找人抱怨就好啦。」陪伴孩子，讓他找到最適合自己的解決方法。除非後果明顯可見，而孩子沒有察覺，你才需要提醒他「這麼做會不會怎麼樣」，否則就讓他去嘗試，從經驗中累積人際智慧。

當孩子抱怨別人的時候，不要犯下「站在敵人那一邊」的錯誤。如果你一味的為對方說話，例如「一定是你做錯了什麼，你們老師才會這樣」、「你自己做錯事，還不先反省」等等，會讓孩子很難受。他已經很難受了，即使知道自己有錯，也不希望聽到你再這麼說。

另一方面也要避免過度看重、認同孩子的情緒。有些父母對情緒教養的理解不正確，以為跟著孩子的情緒起舞就是支持他。孩子抱怨，父母便跟著氣憤的說：「對啊，你們老師最機車了」、「你那同學眞是糟糕透頂」等等。這些反應是「認同」，不是「同理」。「同理」是「老師這麼說你，你一定覺得很難受」，而「認同」是「你怎麼說都是對的」。

前一種父母是「嚴苛」，後者則是「寵溺」，這兩種錯誤都要儘量避免。最後一定要記得，孩子終究是孩子。即使你都做對了，還是要等孩子慢慢長大，看他一次又一次有沒有進展。
譬如他回來還是會抱怨，但是只要抱怨的時間越來越短，越來越快找到處理方法，表示你的協助已經生效，孩子的情況一定會逐漸改善。

父母要避免過度看重情緒、認同孩子的情緒，甚至跟著孩子的情緒起舞。

26 如何幫孩子建立自信？

父母應該避免下面這些態度和行爲：第一，消極的期望。如果孩子能做、想做，你卻說「不用，你還小」，其實是在告訴他「你不行」。過度保護孩子，不讓他做應該做到的事，即使他當下很享受被服侍的感覺，但內在會知道「自己是一個沒有能力的人」，反而會讓孩子沒有自信。第二，不合理的高標準。孩子已經很努力了，可是你永遠讓孩子覺得他做得不夠好。例如孩子考九十七分，你說「這三分明明不該錯的」。在這樣的教養下，不管孩子實際表現有多好，內心還是會覺得「我不夠好，我一輩子都無法達到父母設定的標準」，這就是過度的嚴苛。

第三，助長競爭。有的父母常說：「你爲什麼不像你哥哥（妹妹）？」甚至說：「你爲什麼不能像左鄰的小華、右舍的小明一

> 空泛的讚美無法提供孩子心理成長需要的滋養，具體的肯定才能慢慢累積孩子的信心。

樣？」這種助長競爭的做法，只會讓孩子沮喪、氣憤，沒有辦法幫助孩子建立自信。最後一個是，過度的野心和夢想的投射。很多父母會不自覺的把自己沒有滿足的願望、未完成的夢想，一股腦寄託在孩子身上，希望培養出「超級小孩」，好讓自己臉上有光。這樣的孩子會覺得壓力很大，戰戰兢兢的怕自己做不好，也就很難擁有眞實的自信和自在。

要幫助孩子建立自信，很重要的是多給予肯定。肯定孩子有幾個方向：第一個是接納孩子，例如「哇，你下棋下得好投入喔。」下得好不好，不是最重要的事情。只要孩子很投入的做一件積極、有意義的工作，就値得肯定。第二個是表現出你對孩子的信心，例如「你上次成功的解決了問題，你再想想看，我相信你一定可以找出方法。」第三個是指出孩子的貢獻、才能，表達你的感謝、欣賞。孩子小時候，自主性正在蓬勃發展時，往往很想爲父母做點什麼，即使只是幫忙倒一杯牛奶。當孩子想對別人有貢獻、想發揮他的能力時，父母應該要善用機會、積極鼓勵。最後一個是，看到孩子的努力和改進。只要孩子努力了，無論進步多少，你都要不吝肯定，例如「我發現你的字寫得愈來愈整齊了」等。

另外，具體的肯定勝於空泛的讚美。很多父母會覺得，「我已經一直稱讚他，他怎麼還是沒有自信？」然而，具體的肯定就像一份營養很充足的食物，扮相也許不一定好看，但營養絕對很夠；空泛的讚美，則好像包裝過度精緻，可是裡面卻沒有任何營養的食物。空泛的讚美無法提供孩子心理成長需要的滋養。「你字寫得好漂亮」、「你的圖畫得好美」是空泛的讚美；「你的數字寫得清楚又正確」、「你的構圖很有創意，用色很豐富」是具體的肯定。

有了父母的這些支持，自然就能慢慢累積孩子的信心。

27 孩子挫折忍受度很低，如何鼓勵他呢？

首先，在孩子的生活中，給予充足的成功經驗，但不要過度讚賞一百分或第一名這種「以成敗論英雄」的結果式成功：第一名是成功，第二名是失敗；一百分叫成功，八十分叫失敗。太強調這種成功會讓孩子緊張焦慮，沒有辦法提升他們的挫折忍受度。

相反的，要強化孩子「凡走過必留下痕跡」的過程式成功經驗。例如「哇，你努力把這件事情完成了。」讓孩子經常感受到「努力把事情做好最重要」、「我一定可以做到」，以此來建立孩子的自信心。

不過，孩子需要的並不是完全沒有挫折的生命經驗。生活當中本來就會有挫折，適度的挫折體驗對孩子來說也是養分，所以絕對不要捨不得孩子難過，給予過度保護。當孩子願意面對挫折時，絕對不要指責孩子。「你看吧，我不是早就告訴過你」、「你看吧，你就是不夠用心」等落井下石的說法，對於提升孩子的挫折忍受度一點益處也沒有。

多數孩子碰到挫折都會感到懊惱、難過，這時候需要的是父母同理他的感受，例如「明明會的、懂的，卻白白掉了好幾分，你一定很懊惱。」孩子也需要你陪伴他找出問題在哪裡，「這次沒有達到你預期的結果，你覺得原因可能是什麼？」支持孩子從錯誤中學習，讓他思考下次再遇到類似的狀況，可以怎麼做。

最後，訂定適合孩子的目標。我常覺得孩子在成長的過程中，不管是學習還是人際各方面，他需要的是和父母一起去探討，自己的能力在哪裡。能力加上該有的努力之後，就是大概可以達到的表現水準，父母要陪孩子一起找到這個最適合的目標。一旦找到之後，孩子知道「以我的天份、才華、潛能，如果好好努力，便可以有這樣的表現」，所以他心裡會有一個合理的預期。

但是，也要容許孩子的表現有微幅震盪，不要爲孩子一次的表現

要容許孩子的表現有微幅震盪，
不要為孩子一次的表現得意忘形或焦慮不已。

得意忘形或焦慮不已。一個能力水平九十分的孩子，表現在八十幾分到九十幾分都算是正常的狀況，因爲每一次的表現，都可能受到心情、生理等因素影響。很多父母會因爲孩子曾經考了一次九十八分，便認定孩子有這個實力，之後若沒考到同樣分數就不行。這是不對的，要接受孩子在該有的水平上下合理的震盪。除此之外，父母應該要在合理的震盪幅度裡面，看到孩子持續的成長。如果孩子了解上下震盪但逐漸上揚的曲線是最佳的表現，他就會知道「我是有能力的，即使我偶爾表現失常、碰到瓶頸，還是有可能克服困難、向上提升。」

更重要的是，鼓勵孩子對未來永遠懷抱希望。孩子摔跤的時候，讓孩子知道只是這一次沒做到，把失敗經驗限制在這件事情上。例如，孩子數學沒考好，不要跟他說「你就是笨！」這麼做是擴大失敗。再來，把挫敗感停留的時間限制在一段期間。「你這陣子狀況比較不好，沒有心情讀書，但是我知道你一定會撐過去，過了這一段時間你還是辦得到的。」把失敗和厄運限制在有限的時間和空間裡，不要讓它無限擴大，孩子就能對未來懷抱希望。

另外，有時候孩子對沒把握的事情不願嘗試，是由於過去得到太多的讚美。越在意要得到讚美，就越不願意做可能無法成功的事情，因爲他無法忍受沒有掌聲的情境。對於這樣的孩子，父母應該協助孩子將焦點從外在的讚美轉移到內在的肯定。當孩子爲了一百分、第一名而得意洋洋時，不要說「哇，你考一百分好厲害」來強化他的驕傲，那下次他沒有考一百分怎麼辦？你可以回應孩子「你前面花這麼多心力準備，現在這些題目你都會，有沒有很開心？」一旦孩子開始看重自己的努力，對於結果的焦慮會相對降低，面對挑戰的意願也就會逐漸提升了。

28 如何改變自我中心的孩子？

首先，避免評價式及強化人格標籤的言語。不要一直說孩子「你就是自私、不體貼」，你越講他越難改變。再來，對於體貼的行爲做明確的定義，不要只是要求他「你可不可以體貼一點」，而是給孩子具體的指示「當家裡的人都在忙，或者有客人來拜訪的時候，希望你能分擔這些家務（如擦桌子等）。」

另外，也要跟孩子討論出合理的體貼範圍，讓他知道合理分擔家務、爲別人做些什麼是應該的。

最重要的是，這種小孩需要的是主動邀約而不是被動等待。一個天生比較自我中心的孩子，很難主動注意到別人的需要，除非他心情很好，或是爸媽生病的時候，他的體貼才會自動展現。如果有這種特殊狀況時，他會體貼家人，表示他不是不願意，只是不習慣去注意別人的需求。碰到這樣的小孩，只要父母和顏悅色的主動邀約，孩子多半願意配合。

我聽過很多小孩或青少年說：「我又沒有不幫忙，只是你沒叫我，我就會忘記嘛。你叫我，我就會做啊！幹嘛動不動就生氣。」在某些關鍵時刻，例如家人生病或家裡有緊急狀況，如果孩子會主動幫忙，那即使他平常比較自我，也不要太在意。尤其是當孩子做到的時候，更要大力肯定他。只要因材施教、耐心等待，他還是有機會成爲一位善體人意的好青年喔！

29 家有愛耍賴的幼兒，該如何處理？

父母絕對不要犯下教養大忌：第一個是惱羞成怒，當衆大聲斥責小孩，表示我有在管教，這對孩子沒什麼好處。第二個是息事寧人，不要吵就好，所以趕快買東西給他。父母常會以金錢的價值來衡量，決定要不要滿足孩子的物質需求，很貴的當然不能因為他吵就買給他，不太貴的就買。然而，延宕物慾滿足的規範跟價錢無關，而是原則的問題。

尤其如果孩子要的東西不貴，父母更要戒急用忍。假如你有時候買、有時候不買，孩子永遠搞不清楚規則是什麼，就更會吵。第三個是彌補心態，「我不會買遙控飛機給你，那你要不要吃個冰淇淋？」因為拒絕孩子感到內疚，為了讓自己好受一些，便以別的方式來彌補。事實上，規範就是規範，該堅持的就要堅持到底。如果父母沒有覺察，孩子會學到討價還價、見縫插針，「先要求一個大的，無法得逞時就可以要求小一點的。」

不過，當孩子在吵的時候，你還是要同理他的感受，傾聽他的情緒。例如：「那個超人眞的好酷，你一定很想要對不對？」讓孩子知道你了解他的心情。你不必把焦點放在回應孩子到底可不可以買，而是問他：「你爲什麼這麼喜歡這個超人呢？」他可能會告訴你，因爲它有哪些功能等。當孩子在陳述的時候，他大腦的皮質也在發揮作用，慢慢的就可以把理性找回來，只是強硬的說不可以，會讓他情緒更強烈。接著，簡單說出規範，讓孩子有合理的期待，譬如你可以告訴他：「下個月你生日時，可以買這個給你當禮物喔！」讓孩子了解在什麼狀況下，他的需求是可以被滿足的。

如果你都做對了，孩子還是哭鬧不休，一定要溫和堅定的把孩子帶離現場。但絕對不要很生氣，用力去抱孩子、硬拉著他走。因爲你大聲、用力，孩子會感覺被別人侵犯、攻擊，他就一定會反抗，反應也會更激烈，這是生物的本能，最後很容易演變成全武行。要

面對耍賴的幼兒，父母要戒急用忍，
避免犯下教養的兩個大忌：
惱羞成怒和息事寧人。

把孩子帶開的時候，一邊輕輕的撫摸他，一邊告訴他：「在這裡看到了又不能買，你一定很難受，我陪你去其他地方走走。」如果他還在耍賴，你就把他抱起來。這個管教技巧要趁孩子小的時候運用，等他三年級了你還抱得動他嗎？你有辦法把他拖走嗎？很難。所以當孩子還小，即使講的道理他不見得都懂，你還是要這麼處理，透過行動表達對規範的堅持。

對於學齡前的小小孩，你也可以試著適度的轉移焦點，例如「我們去書店看看你最喜歡的那本書，媽媽講故事給你聽。」不要去彌補，而是善用轉移跟替代。當孩子在行動上被明確告知規範，並且可以預期自己的要求何時會被滿足，他就會慢慢學到如何控制自己的行爲。

30 有沒有什麼方法可以讓孩子吐露心聲？

我先談一個前提：不要期待或要求青春期的孩子對你全然開誠布公。青春期的孩子即使跟父母再親密，仍然有一些事情完全不想跟父母分享。不想讓父母知道不見得是大問題，他只是覺得跟你講一點都不好玩，或是跟你分享沒有意義。例如你即使不反對他喜歡哪一個偶像，也沒辦法跟著他瘋狂著迷，勉強孩子告訴你這些要幹嘛呢？他不需要跟你講的事情，尊重就好。只要孩子有重大的困擾或抉擇的徬徨時，願意跟你談談，就是青春期最好的親子關係了。

如果孩子確實遇到問題困擾，你很想關切，可是他不願意講，那父母應該嘗試建立多元的互動管道。孩子在很小的時候，我們可以透過一起看繪本等方式找到通往孩子情緒的管道。孩子國小的時候，要建立良好的溝通基礎。青春期之後，孩子的情緒、親子關係

青春期的孩子即使跟父母關係親密，
仍然有一些事情完全不想和父母分享。

都會開始變化，當他不願意用語言來跟你分享時，就要善用其他方式傾聽，表達關切和了解。

我曾經遇過一個案例，媽媽在跟別人聊天時，不經意講了一句話，孩子在旁邊聽到以爲媽媽在說他，便生氣了。媽媽完全不知道怎麼回事，也不明白爲什麼孩子忽然變得很冷淡，問他怎麼了也不講。後來很有趣的是，媽媽開始想到會不會是因爲那件事。我建議她，如果孩子不理會、跟他講話也不回應，可以寫卡片、寫信或寫紙條，例如「媽媽覺得很奇怪，你爲什麼突然不高興了？不過後來想一想，可能是因爲媽媽說了某些話，無意中傷到你。如果是的話，可不可以讓我知道？以後媽媽才能做一些調整。」

對青春期的孩子來說，寫紙條是個滿好的方式。紙條可以把對談轉變爲文字，不必逼著孩子當面表態，也可以避免孩子爲了顏面而不肯接受父母的好意。如果孩子還是不理會，你仍然可以用紙條持續表達你的關心，但切記不要太密集、天天跟他說「媽媽想跟你談一談」。讓孩子知道你的溝通大門爲他敞開，而不是一直去想他爲什麼還不肯跟你說。接著很重要的一點是，平常就要建立輕鬆對談的習慣，不要等到發生問題才想談。此時孩子多半已經在情緒上，可能完全不想跟你說話。如果平常就有對談的習慣，在孩子眞正需要傾聽的時候，會很有幫助。

最後，觀其行比察其言更重要。例如剛剛那個案例，我建議媽媽在信裡進行聆聽、表達與溝通。但是做了之後也不要期待孩子會馬上跑出房間抱著你說「媽媽，我誤會你了！」那是不可能的。你只需要去觀察，如果發現第二天他一臉酷酷的來問你一些無關緊要的事，就知道孩子已經在給自己找台階下，千萬不要一直窮追猛打。只要看到孩子的行爲有調整，即使他口頭上不直接回應，但你們的溝通還是有效的。

學習與教育 132

30 招，教出高 EQ 小孩

作　　者｜楊俐容
內頁插圖｜楊煒
封面設計｜集一堂張士勇、倪孟慧
美術設計｜陳俐君
責任編輯｜王慧雲

發行人｜殷允芃
創辦人兼執行長｜何琦瑜
副總經理｜游玉雪
總監｜李佩芬
副總監｜陳珮雯　特約副總監｜盧宜穗
資深主編｜張則凡
副主編｜游筱玲
資深編輯｜陳瑩慈
資深企劃編輯｜楊逸竹
企劃編輯｜林胤斈、蔡川惠
版權專員｜何晨瑋、黃微真

出版者｜親子天下股份有限公司
地址｜台北市 104 建國北路一段 96 號 4 樓
電話｜（02）2509-2800　傳真｜（02）2509-2462
網址｜ www.parenting.com.tw
讀者服務專線｜（02）2662-0332　週一～週五：09:00~17:30
讀者服務傳真｜（02）2662-6048　客服信箱｜ bill@cw.com.tw

法律顧問｜台英國際商務法律事務所・羅明通律師
製版印刷｜中原造像股份有限公司
總經銷｜大和圖書有限公司 電話：(02）8990-2588

出版日期｜ 2013 年 3 月第二版第一次印行
2020 年 12 月第二版第七次印行
定　　價｜ 300 元
書　　號｜ BCCE0132P
I S B N ｜ 978-986-241-671-6（平裝）

訂購服務
親子天下 Shopping ｜ shopping.parenting.com.tw
海外・大量訂購｜ parenting@cw.com.tw
書香花園｜台北市建國北路二段 6 巷 11 號　電話（02）2506-1635
劃撥帳號｜ 50331356 親子天下股份有限公司

立即購買 >

國家圖書館出版品預行編目（CIP）資料

30 招，教出高 EQ 小孩 / 楊俐容著 . -- 第二版 . -- 臺北市 : 天下雜誌 , 2013.03
面；　公分 . -- (教育與學習系列)
ISBN 978-986-241-671-6(平裝)

1. 親職教育 2. 子女教育 3. 情緒教育

528.2　　102002701